お金知識ゼロ！

普通の会社員でも

株で1億円つくる方法

をイチから教えてください！

遠藤洋

PHP

リスクが
高そう

株式投資って……

株って、
結局ギャンブル
でしょ

今あるお金が
減るなんて、
絶対いや!

これは、この本の編集者の私・犬飼が、株式投資を始める前に抱いていたイメージです。
おそらく、株未経験の皆さんも同じ気持ちなのではないでしょうか。

曲がりなりにも新卒から8年以上会社で働き、
怒られたり、嫌な思いもしながら、コツコツと貯めてきた大事なお金。

そのお金が労働を伴わない株式投資という「危険なギャンブル」で、
一気に数十万円も減る。そんなことには耐えられないと思っていました。

やっぱり本音は、
「稼いだお金がなくなるのはいや！」
なんです。

でも、一方で抱いていたのが
「自分のお金はこのままでいいのか」
という思い。
私の頑張りが足りないだけかもしれませんが、好調なＩＴ企業にいる友人の年収は
厳しい出版業界にいる私の2倍あることも。

私は貯金も同年代の友人と比べてだいぶ少なめ。
今後、昇進できたときの給料をシミュレーションしてみても、

老後2000万円なんて、夢のまた夢……。

これからの少子高齢社会を考えると、会社の倒産や、年金だってもらえない可能性もある。
このまま何もせず、ただ会社で言われた仕事だけを淡々とこなし、給料をもらうだけの人生に強く不安を感じたのです。
でも、私には今の仕事で手一杯で、副業を始める時間や能力もない。

「時間も、元手もないけど、とにかくお金を増やしたい！」

そんな藁《わら》にもすがる思いで、企画したのが、この本でした。

年収が高い友人が、株をやっていることに目をつけ、急いで企画を立てました。
株式投資を教えてもらったのは、大学時代に投資を始め、株式投資の世界で、
今や億単位の利益を出している投資家の遠藤洋さん。

「株なんてやったことがないんですが、お金を増やせるようになりますか？」

という私の愚かな質問にも、遠藤さんは迷わず、

「経験を積み重ねていけば、必ずできるようになりますよ」

と微笑みながら答えてくれました。

そこから、遠藤さんに教えてもらいつつ、株未経験の私が、ボーナスを実際に運用するという、マンツーマン授業が始まりました。

そして……。

投資開始金額

100万円

小型株1銘柄投資を始めて

約半年で

230万円

もちろん今回は、運良くうまくいっただけかもしれません。しかし、私が手ごたえを感じたのは、増えた金額よりも、その投資手法の再現性でした。

遠藤さんが実践している投資手法「小型株1銘柄投資」はとにかくロジカル。

「なぜ、その銘柄を選んだのか」
「どの規模の時価総額(会社を丸ごと買ったときの価格)まで」
「どのくらいの時間で達しそうか」

などを言葉で説明できるように、投資する会社を1銘柄に絞って突き詰めます。

そのときに行う株銘柄の分析は、経験を積めば積むほど精度が高まり、株式投資の実力も上がります。

本書は、投資経験ゼロ、お金の知識ゼロのど素人である出版社の編集部で働く私（犬飼）32歳が、遠藤さんに教えてもらう形で進みます。

「リスクについての考え方」から
「証券口座の開き方」
「銘柄の選び方」
「売るときの出口戦略」まで、

イチから丁寧に教えてもらっています。株式投資が初めての人も、やっているけど増えない経験者の方にも、参考になるはずです。

ポンコツな私が、株式投資を始めて不安になったこと、疑問点などを素直にぶつけ、**立ちはだかった壁とその解決法をリアルタイムで**教えてもらっています。
ぜひあなたも「犬飼」になったつもりで、楽しく株式投資を学んでみてください。

投資経験ゼロ
リスクにおびえるダメ会社員、犬飼

◎**年齢**：32 歳、独身
◎**血液型**：B 型
◎**性格**：家を出てから、電気や火元のチェックを何回もしてしまうほどの超・慎重派でビビり
◎**お金事情**：給料や貯金の額を何も気にせず、好きに使う 20 代を過ごす。30 代に突入し、周りに比べて貯金も給料も少ないことに気づき、気持ちだけ焦っているが、これ以上仕事量を増やしたり、副業に手をつける能力もなく、途方に暮れている
◎**趣味**：食事と温泉をメインにした小旅行
◎**休日の過ごし方**：公園で友人とキャッチボール、映画鑑賞、飲み屋開拓、家でダラダラ
◎**出身地**：大阪府
◎**年収**：高級車 1 台の半額ほど
◎**貯金**：ほんのわずか
◎**職業**：会社員（編集者）
◎**職務経歴**：新卒で出版社に入社し、編集者歴 8 年

はじめまして、今回の投資指導を担当しました投資家の遠藤洋《えんどうひろし》です。

本書は、投資経験ゼロの犬飼さんが貯金から100万円を捻出し、私の指導のもと、ゼロから株式投資を始めるノンフィクション物語です。

何も知らない犬飼さんだからこそ出てくる疑問や、株価が上下したときのリアルな心情の変化もそのまま載せているので、あなたもぜひ犬飼さんになったつもりで読み進めてみてください。

今回は投資資金が100万円ということもあり、「小型株1銘柄への集中投資」という手法で投資戦略を立てていこうと思います。

私はこの手法で、これまで、

今回の投資戦略

「小型株」＋「1銘柄投資」

時価総額が小さな会社の株に

1銘柄だけに集中投資する

まだあまり有名でない小さな会社の成長性を見極め、短期間で数倍にお金を増やす

北の達人
コーポレーション

株価70円→1000円

約1年で14倍

ミクシィ

株価300円→6000円

約9カ月で20倍

ユーグレナ

株価300円→3000円

約5カ月で10倍

ファン
コミュニ
ケーションズ

株価200円→2000円

約1年で10倍

ペッパー
フードサービス

株価600円→8000円

約9カ月で13倍

メドピア

株価300円→7000円

約3年で23倍

などの成長性を見極めて、集中的に投資し、
私自身、会社員として働いている期間も含めて、資産を増やしてきました。

「小型株1銘柄投資」で最も大切なのは、
条件に沿って会社を絞り、
その将来性を見極めて投資するかどうかを判断すること。

投資する会社にもよりますが、
10万円ほどの小額からでも始めることは可能です。
練習で10万円から始め、経験を積み、銘柄の成長性を見極められるようになれば、
前述のように1年未満で数倍以上になる株はいくつもあるので、

普通の会社員として働きながら、
何年後かには資産1億円に到達することも
夢ではありません。

3年で資産10倍と聞くと大変そうですが、「半年で1・5倍になる投資」もしくは「1年で2・2倍になる投資」を繰り返せば達成可能です。

この利回りが達成できるという前提で計算すると、

3年後：10倍（10万円→100万円）
6年後：100倍（10万円→1000万円）
9年後：1000倍（10万円→1億円）

となります。

もちろん、実際にこれを実現することは言うほど簡単ではありません。

しかし、半年で1・5倍を超える株、1年で2・

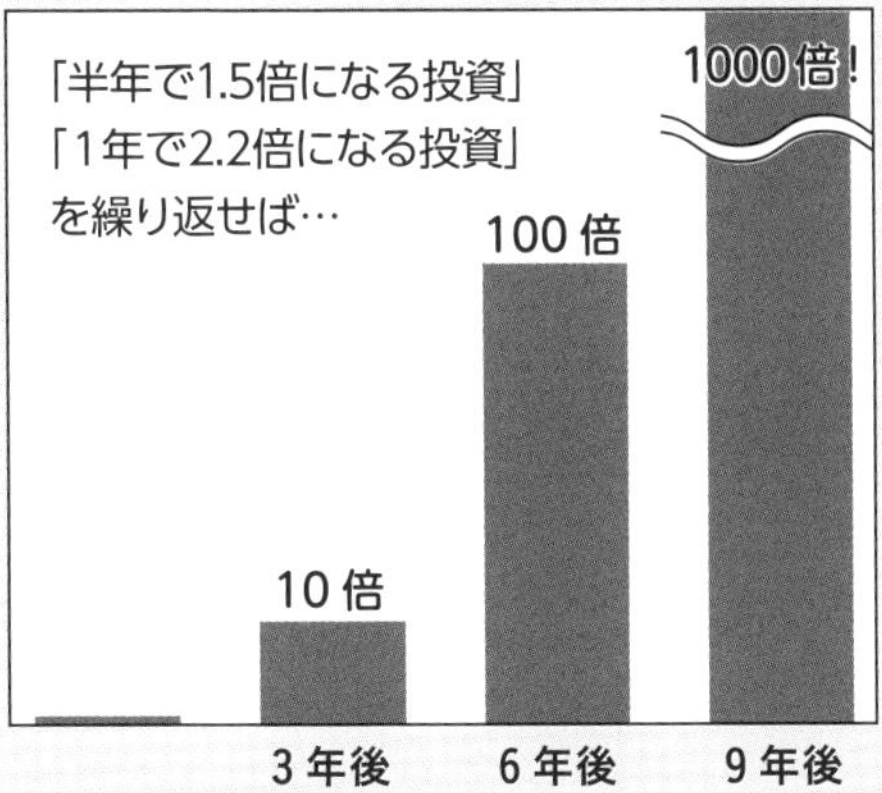

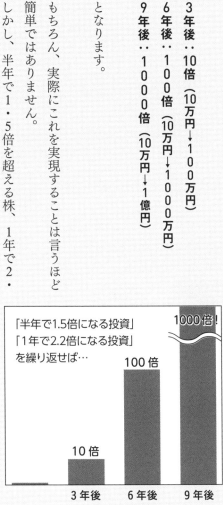

2倍を超える株は、常に一定数存在します。
そういった株をどのような考え方で見つけ、どう投資すればいいのか？
それが本書のメインテーマとなります。

そういった株を見つけて、投資さえしてしまえば、その後にやることは、
1日に1回、その銘柄に大きな変化や
ニュースがないかチェックするだけ。

皆さんが投資家としてイメージする、デイトレーダーのように
1日中パソコンに張りつく必要はありません。
基本的に「ほったらかし」でOKです。

本書では、仕事が多忙で時間が取れない会社員も、
家事や子育てなど、やることに追われる主婦の方にも、誰でも楽しく学べる
原理原則に則った本質的な投資法をご紹介します。

元会社員の「億超え」投資家
遠藤　洋

◎**投資を始めたきっかけ**：大学在学中の夏休みに、新しいことをやろうと、家庭教師のアルバイトで貯めたお金を元手に知識ゼロから開始

◎**投資成績**：最大年間利回り +600%、1 銘柄の最大投資益 +1,760%以上を達成（2021 年 1 月現在）

◎**投資手法**：大きく成長しそうな会社への純投資で、投資対象は既に大企業になった会社ではなく、未来の大企業になりそうな会社。複数の投資先に分散しすぎず可能な限り集中投資をするスタイル

◎**投資指導経験**：経営者、上場企業役員、医者、弁護士、ビジネスパーソンなど、これまで、1,500 人以上を指導

◎**出身地**：埼玉県

◎**在住**：東京都

◎**職業**：投資家・自由人
国内・海外を自由に旅しながら、現役の投資家として活動。上場企業への投資はもちろん、エンジェル投資、投資教育を広める活動なども積極的に行う。投資以外では、本の執筆、講演活動、投資コミュニティなどを主宰

◎**職務経歴**：大学卒業後、ベンチャー企業に入社。働きながら株式投資でお金を増やし、その資金を元手に 26 歳で投資家として独立

◎**運用資産額**：非公開

◎**趣味**：旅、温泉、美味しい食事、ワイン、ウイスキー

CONTENTS

CHAPTER 2
スキマ時間にすぐできる「証券口座」の開き方

CHAPTER 3
「上がる銘柄」を見極める絶対条件

CHAPTER 4

銘柄を決めたら、実際に株を買ってみよう

CHAPTER 7

出口戦略の精度を上げる秘密の「ものさし」

CHAPTER

0

知識とロジックで攻略する「怖くない株式投資」

投資は勘でも運でもなく「ロジック」だ

（編集者・犬飼）今日から初心者でもわかるように、普通の会社員が株で1億円つくる方法を教えていただきます！　私自身、本当に慎重で、ビビりな性格なので、これまで銀行預金しかしてきていません。**株式投資に対しては「リスクが高い」「一気にお金がなくなる」というイメージしかありません**。そして、**投資家の方にも、毎日家でホームパーティーを開催して、ウェイウェイしているイメージしかないのですが……**、遠藤さん、よろしくお願いします！

（投資家・遠藤）しょっぱなから、ものすごく後ろ向きな発言ですね（笑）。そんなに腰が引けているのに、なぜこの企画を立てたんですか？

実は先日、高校の同窓会に行ったときに、私も30代ですから、自然と仕事や年収の話になりまして。聞いてみると、超大手企業に勤める友人は、そもそも年収が私の2倍

くらいありましたし、それほど年収に大差がない友人も、うまく株で運用することで、貯金が私の2倍くらいあったんです。

そうでしたか、同じ青春を過ごしてきた仲なのに、お金に関して大きく差がついてしまっていたんですね。

人生はお金だけじゃないとわかってはいるんですが、家に帰って一人になって考えると、なんだか自分の仕事や頑張りを否定された気がして……。でも、**今の仕事量を倍に増やして頑張るのは、時間的にも労力的にも難しい**。これは私も株で増やすしかない！　と思ったんです。単純すぎてお恥ずかしい（照）。

なるほど、とてもリアルな動機でいいと思いますよ。

もう私に残された道は、株式投資でお金を増やすしかないんです、遠藤さん！

そんなに気負わなくても大丈夫ですよ（笑）。とにかく、その異様な緊張感を解いていただくことから始めましょうか。

わかりました！　その前にまずは、遠藤さんのご紹介から。大学在学中から知識ゼロで投資を始め、その後、ＩＴベンチャー企業に在籍しながら資産倍増、26歳で独立された気鋭の投資家でいらっしゃいます。ご実績は（資料パラパラ）……こ、これ本当ですか？　**最大年間利回り、＋６００％⁉**

えーと、はい。ゲーム事業を手がけたころのミクシィの株で、資産が1年で7倍になりました。

しかも、**１銘柄の最大投資益……＋１２００％⁉**

これは、通販会社「北の達人」に投資した１０００万円が、1億円以上になったときの話ですね。実はつい最近の話ですが、この記録をまた更新しました。「メドピア」という会社の株で**含み益が＋1760％を超えた**ので、このまま利益確定すれば、1銘柄の最大投資利回りの新記録更新です。

すごい、いや、空恐ろしい。どんな魔法を使ったらそんなことに？

いいえ、違うんです。これは魔法ではなく、セオリーに沿った投資をしたからです。**私の投資手法「小型株1銘柄投資」は、勘でも運でもなく、知識と分析によって資産を増やす方法**です。今出した例も「一発当てた」みたいに見えるかもしれませんが、しっかりと銘柄を見極めているんですよ。

なぜ、多くの人が株を「なんとなく」買ってしまうのか

本当に!?　小型株1銘柄投資って、一体、どんな手法なんですか？

そもそも犬飼さん、「小型株」ってなんだかわかりますか？

えっと……小さい株？　あ、安い株？

小型株とは「時価総額が小さい会社」の株、ということです。

えっと、その「時価総額」というのは……？

時価総額というのはですね、**その会社を丸ごと買ったときの金額**です。「株価×発行済株式数」で算出します。

わかりました（メモメモ）。なんで時価総額が小さい会社の株を買うんですか？

ズバリ、**大きな伸びしろが期待できるから**です。株価が2倍になるには、必ず時価総額が2倍になる必要があります。だとしたら時価総額の大きい大企業の株を買うより、これから大企業になる会社の株を買ったほうが、簡単に2倍、3倍になるでしょう？

おお、確かに。では、それを「1銘柄投資」するというのはどういうことですか？

あれこれ買わず、**1銘柄のみに投資するということ**です。

なんとなくイキのよさそうなベンチャーを見繕《みつくろ》って、バーンと賭けるんですね！

ちょっとちょっと犬飼さん。「なんとなく」とか「バーンと賭ける」とか、何ですかその危うさあふれるワードは（笑）。

えっ、危ういですか。

今言った「イキがよさそう」も、何をもってそう思うのかが大事なんです。もし犬飼

さんがある会社に目をつけたとして、その根拠、言えますか？

いや、え～っと、ＨＰに載っているオフィスの雰囲気とか（しどろもどろ）。

それでは聞きますけど、家電を買うときお店の雰囲気で買いますか？

いえ、価格や機能とか、大きさやデザインとか、色々調べたり比べたりします。

でしょう？　普段使うものはしっかり調べて買うのに、なぜか株になると多くの人が「なんとなく」で買ってしまいがちなんです。でも、**株も家電と同じで「なんとなくいい」ではなく、根拠をしっかり持って買うことが大事**。そこにロジックが必要なんです。

そのロジックって、私のような初心者でもわかりますか？

大丈夫。むしろ経験ゼロのほうがいいくらいです。これまで１５００人以上の方々に

指導をしてきましたが、なまじ経験があると自己流や勘頼みになって失敗しやすい傾向があります。対して、**初心者の方々はセオリーにきちっと則《のっと》ってやる傾向があるため、結果が出るのも早い人が多い印象です。**投資した銘柄が半年で2倍、3倍になった方も多いですし、人によっては投資を始めて1年で資産を8倍にされた方もいますよ。

う、うらやましい。その方々、私みたいな普通の会社員なんでしょうか。働きながらでもできますか？　何年かで1000万円に増えたりしますか？

はい。皆さん働きながらです。もっと増える人もいますよ。3000万円とか。月給30万円くらいの方が、株では月々100万円の収入を得ていると個別に報告がくることも。

ええ〜！　私の周りには、そんな人いませんけど!?

実はいるはず。皆さん言わないだけですよ（笑）。給料よりも高い利益を出している

なんて、同僚に言ったら微妙な空気になるじゃないですか。

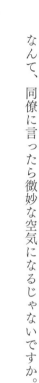

確かに休憩時間にそんな話したら、業務時間にきつく当たられそうですね……(笑)。それじゃあ、その方々は儲けているのに、なんで仕事を辞めないんでしょう?

小型株1銘柄投資は、「働きながら」のほうが向いている投資手法だからです。仕事を通して日々世の中と接していることが、ロジックを組むときに役立つんです。専業トレーダーになると、皆さんがよくイメージする、1日中パソコン画面に貼りついてチャートの上下を見ている人いますよね。あの感じになっちゃう傾向があるんですよね。

株って、まさにあのイメージです。

あれはオススメしないというか、少なくとも私が皆さんに伝えている投資手法とは全く異なります。投資のメリットは、自分の時間を使わなくて済むことにあります。私たちが預けたお金の有効な使い方を会社の経営者が考えてくれ、従業員の方々が私たちの代わりに働いて、業績を伸ばしてくれるわけです。だから本来、私たちもずっとパソコン画面に貼りついて時間を過ごす必要はないのです。

仕事が忙しくても、これならできますね。

それにチャートばかり見ていると、世の中の動きがわからなくなりがち。それだと、小型株1銘柄投資では成果を上げづらいんですよ。

あのー、今さらですが、小型株1銘柄投資って、株式投資の中でもちょっと特殊な気がするんですが。私がこれまで聞きかじった知識だと、株で一番手堅いのは「好きな企業とか、大企業の株を長期的に、何年も持っておくこと」とか何とか……。

はい、自分がよく知っている企業の株を5年、10年保持するという定番の方法ですね。小型株1銘柄投資は、短いものだと数カ月くらいで、長く持っても数年くらいな

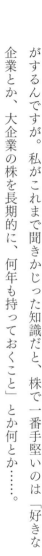

ので、時間軸は少し異なるかもしれません。

定番はダメなんでしょうか。

いいえ、その会社が今後も伸び続けていくなら、長く持つのも1つの手です。でも20年前、30年前ならともかく、今の時代は変化が激しくて、業界の勢力も数年で変わるでしょう？　その中で、長期間同じ場所にお金を置くのは、逆にリスクがあると私は思います。**今後はさらに変化が目まぐるしくなりますから、適所にどんどん置き換えるほうが、時代に合った投資法なのではないか**と思います。

う〜ん、なるほど。もう過去の定番は……安全とは言えないんですね。

「保有効果」バイアスで知らず知らず損をする⁉

でも、犬飼さん、まだ警戒心が抜けてませんねえ。

そうなんですよね。**「株＝リスクがあるもの」というイメージが根強くて。**

気持ちはよくわかります。でもその「リスク」って言葉は正確な意味ではないですよ。

え？　そうなんですか？

「リスクが高い」とは、「どうなるかわからない状態」という意味です。犬飼さんの気持ちは、それとは違いますよね。正確に言うと、「損したくない」に近いかな？

それです、それです！

とても自然な感情です。でも、もう少し視野を広げて、**「投資をしない損」についても考えてみてください。**

投資をしない損？　どういうことでしょう。

犬飼さんは、「今持っているお金」が減ったら悲しいですよね。

はい、嘆き悲しみます！

でも、実はお給料から毎月税金が源泉徴収で引かれていますよね。それを見て、毎月、嘆き悲しんでますか？

いや、それは別に……。

そんなに悲しくないですよね。これを**心理学用語で「保有効果」**と言うんです。**人は今持っているものに対して、持っていないものの2倍以上、価値を感じるんですよ。**

確かに、もし給与が全額口座に入って、「やった！」と思ったのも束の間、自分の手

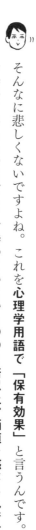

で納税して減るのを目の当たりにしたら、きっと悔しさが込み上げますね。

そういうことです。日本政府はその心理を利用して「源泉徴収」という徴税システムを組んでるんですね、賢いですねえ……。ま、それはともかく、犬飼さんは今、投資をしていない。でも**もし半年前から投資をしていれば今、１００万円増えていたとしたら？　これって損してませんか？**

う〜ん、その理屈だと、そうなりますね。

今あるお金は減ってなくても、増える可能性があったお金は逸しているわけです。

保有効果

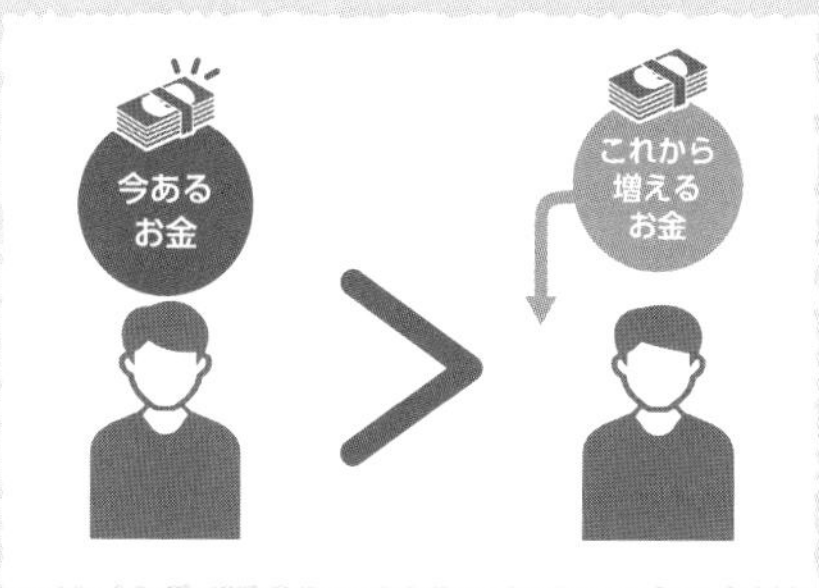

今持っているものに、まだ持っていないものよりも強く価値を感じる。これから増える株式投資のお金には価値を感じにくい

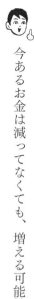

株に批判的な人の多くは「波乗り系」

なんだか、言いくるめられているような……。でも、**損する可能性もあったわけですよね。**

はい、もちろん損をすることもあります。でもその可能性がそんなに高いなら、皆、株なんてやっていないと思うんです。株式投資という仕組みは、資産をつくるツールとして古くから多くの人に活用されていますよね。世界的に見ても、資産額が多い人は必ずといっていいほど、株を持っています。実は私、前に一度フォーブスの資産家ランキングを上から順に調べたことがあったのですが、**ランキング上位にいる人は誰一人例外なく株を保有していました。**

言われてみれば……。逆に、私はどうしてこんなに警戒心を持ってるんだろう？

「株なんて儲からないよ〜」とか「そんなに世の中甘くないよ」とかいうセリフを、直接、間接に聞いてきたからではないでしょうか。

そうなんですよ！「株でも始めようかな〜」って言うと、それを聞いた人は途端に厳しくなるんです。

ですよね。でもそのセリフを言う人は、**本質を理解しないまま「波乗り」をしていた人たち**なんです。

「波乗り」ですか？

株価が上がって、多くの人が買い始める波が来たから買うぞ〜。あっ、株価が下がって皆が売り始めて、引いていくから売らないと〜、と、理由もわからず遊んでいて、予期せぬ大波が来たらのまれてゲホゲホ……という調子で、何も考えてないんです。この波はどれくらい大きくなりそうか、を考えずに波打ち際でバシャバシャやって大損して、あとになって「株なんて儲からないよ〜」とくさす人が多いんです。

そういうことか〜。

株には確かにリスクもありますが、正しい知識があれば、損失も限定的な金額に抑えられるものなんですよ。

チャートそのものは「小道具」に過ぎない

「正しい知識があれば」。ここが肝心ですね。

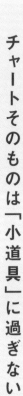

はい。どの会社に投資するか、いつ買っていつ売るか。この選択が適切なら資産は増えます。その**増やし方として一番効率的なのが「小さくて伸びしろがありそうなところに集中投資する方法」**というわけです。

伸びしろが「ありそう」なところを見極める目がないといけませんね。

その通り。でもその「目」も勘やセンスではなくて、知識と情報にもとづいて、理屈で選ぶやり方ですから、誰でも身につけられるものです。

「知識と情報」、ハードル高いな〜。四季報（日本の上場企業の情報が載っている出版物）を買って、謎の記号や用語だらけのチャートにも慣れていかないと……。

あ、それもよくある誤解です。**四季報を全部読んだりする必要はありません。**見るとしたら、気になった会社のことをピンポイントで、オンラインの四季報で調べるだけ。4000社近くある上場企業の情報なんて読み切れないし、時間の無駄ですから。

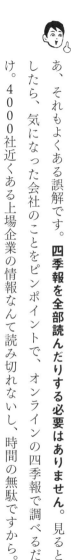

そうなんですか！　チャートの読み方もわからなくて大丈夫ですか？

知っているに越したことはないですが、最初は知らなくても投資することはできますよ。**チャートは私の言う「本質」とは違って、「小道具」にすぎません。**知らなくても、投資は成り立ちます。

意外だ！　じゃ、さっきお話に出た「チャートに1日中貼りついている人」は、何を見てるんでしょう。

大きく言えば「上がってるか、下がってるか」だけです。それだけを見て取引するトレーダーも一定数いて、株価に一定の影響をもたらすことも事実です。でもそれは、「この会社は伸びしろがあるか、事業内容的に成長しそうか」とは無関係ですよね。

やっとわかった！　**「株の知識」とは、会社の将来性を分析できる力**なんですね！

わかってくれましたか。そう、株の世界には会社の将来に対して投資している人たちと、目先の株価の値動きに波乗りしている人たちの双方が入り混じっています。でも、どちらが本質的かは一目瞭然《いちもくりょうぜん》ですよね。

はい。「皆買ってるっぽいから買うぞ、売ってるっぽいから売るぞ」という人たちによる表層的な動きはあっても、それは一時的なものにすぎないと。

そうです。短時間でずいぶん進歩しましたね！　だから目先の株価で一喜一憂する必要はありません。本質を押さえていれば、ドーンと構えていられます。

何も知らずに怖がっていたけれど、すごく前向きな気持ちになりました！

もう腰は引けてませんね？　何よりです！　では次回から本格的に、「株とは何か」を学んでいきましょう。

CHAPTER0のまとめ

❶ 伸びしろの大きい会社に絞って投資する
❷ 小型株1銘柄投資は、初心者や多忙な人向け
❸ 波乗りではなく、知識と論理の株式投資をする

次回までの宿題

「株への警戒心を少しずつ解きほぐそう」

CHAPTER

1

株式投資で身につく最強のビジネススキルとは!?

価格と価値の違いを見極める「投資家思考」

いよいよ今日から、本格的な株式投資のノウハウですね！　ボーナスをつぎ込み、初めての株式投資にチャレンジしていきます！　遠藤さん、よろしくお願いします！

よろしくお願いします。どうしたんですか、突然すごい気合いですね。前回は腰が引けていたのに……。

前回、遠藤さんのお話を聞いて認識を改めました。よくわからないもの、目の前のお金がなくなることにリスクを感じる気持ちが強かったのですが、怖がって行動しないことが本当のリスクなのだと感じました。動かなければ、私の未来のお金に変化は起こせませんからね。

短期的には資金が減ることもあると思いますが、実力をつけて、利益を恒常的に増や

せるよう頑張りましょう。

はいっ！　早速ですが、投資を始める際に、身につけるべき考え方はありますか？

そうですね、まずは**「価格」と「価値」の違いを見極める「投資家思考」**を知ることから始めましょう。

100万円のウイスキーが3250万円に化ける理由

「価格」＝「価値」、そのままじゃないんですか？

実は違うんです。わかりやすい例を挙げましょう。犬飼さんお酒は好きですか？

もちろんです！　ワイン、ウイスキー、生中と、お酒には大学生のころから投資していますよ！

それはただ飲み歩いてただけですよね……（笑）。お酒好きなら知っている人も多いと思いますが、サントリーが販売している人気ウイスキーに「山崎」というシリーズがあります。この「山崎」を50年間熟成してつくられた「山崎50年」というウイスキーが、2011年に150本限定で、発売されたんです。

チーズなんかも熟成されていると、通にはたまらない味になると聞きますよね。

2011年当時、価格は1本100万円でした。犬飼さんなら買いましたか？

いくらお酒が好きでも、さすがに100万円は無理です……。

普通に考えるとそうですよね。でも、この**「山崎50年」は2018年に香港で開催されたオークションで、なんと3250万円で落札**されたんです。

価値と価格の乖離

2011年、「山崎50年」が1本100万円で150本限定発売された

2018年に行われた香港のオークションで3,250万円で落札。2011年当時、価格は100万円だったが、価値は3,250万円あった

えぇ〜、そんなに高額に！　買っておけばよかった……。

「山崎50年」が熟成され始めた50年前という過去には行けない。つくられてからは、飲まれるか、破損してなくなるかしかありません。絶対数がこの世界から消えていくしかない。その希少価値に対して、欲しいという人が一定数いて、高額な値がついたのです。

その当時つけられた「価格」だけで高いと判断して、実際の「価値」がわからないと損をしてしまうんですね。

そうです。普通の人は「山崎50年」が発売されることを知っても、バカ高い価格のみに興味を持ち、話題にするだけで終わります。でも投資家は、過去の経験や情報から、**「3250万円で売れるものが、今なら100万円で買える」**と考えます。

「価格」と「価値」の乖離《かいり》で考える、と。

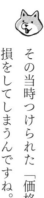

それが、投資の基本であり、儲けるコツですね。これからは、「100円でも100円の価値がなければ、高い」「100万円でも200万円の価値があれば、安い」と、**日ごろから価格と価値の両方を考えるクセをつけましょう。**ちなみに山崎ですが、その後、2020年に「山崎55年」が1本定価300万円で100本限定の完全抽選販売（日本国内のみ）されていましたが、その後の香港のオークションで8500万円で落札されています。

「株式投資とギャンブル」の決定的な違いとは!?

でも、遠藤さん。通常の株だと、上がるか下がるかなんてわからないわけで、ギャンブルと変わらないんじゃないですか？

投資とギャンブルの違い。よく私も聞かれますが、**一番の違いは、「期待値」**です。

期待値？　掛け金に対して、戻ってくる見込みの金額のことか（ネットで調べながら）。宝くじの期待値は購入額の50％くらいって聞いたことがあるような……。

ギャンブルは総じてこの期待値が低いです。パチンコや競馬は、約70～80％くらい。1万円使って、平均で7000～8000円戻ってくる計算です。つまり、**参加すればするほど損をするゲーム**です。これは、その仕組みに起因します。パチンコ会社が利益を上げ続けるため、お客さん全体がトータルで損をするように、台の確率が設計されているんです。

なるほど、カジノもですが、胴元がまず儲かることが決まっている。**我々お客は全体として損をすることが決まっていて、その中でプレーしているから、期待値が低い**のか。

一方で、**株は期待値が100％を超えることもある。**また、企業という実体にもとづき、業績などの具体的な数字が担保となり、その成長に連動して価値が動きます。もちろん、企業が倒産すれば、株の価値は大きく目減りします。でも、これから学ん

で、投資先を見極められるようになれば、期待値はギャンブルより格段に高くなりますよ。

企業が成長すれば、投資したお金も増えていくんですね。

加えて、ギャンブルはお客さん全体での収益が決まっています。だから、誰かが得をすれば、その裏で誰かが必ず損をするゼロサムゲームです。でも株は、極端に言うと、**その企業が成長し続ければ、株を買っている人が全員儲けることができるプラスサムゲームになる**のです。

株式投資とギャンブルの違い

株式投資

- 期待値が100%を超えることも多い
- 企業が成長すれば、投資したお金も増えていく
- その株を買った全員の人が儲かることもある

ギャンブル

- 競馬やパチンコで、期待値は70〜80%と言われている
- 胴元が儲かることが決まっていて、お客さん全体では損をすることが決まっている
- 誰かが得をすれば、その裏で必ず誰かが損をする

誰かが損をすることによって、お金が増えているというのは、あまりいい気はしませんもんね。期待値の違い、仕組みの違い、株価は企業価値によって上昇すること。ギャンブルとは違うことがよくわかりました。

株で勝ち続ける人が持つビジネスに必須の「ある能力」

ちなみに株で勝ち続けている人の特徴ってあるんですか？

共通して持っている「ある力」がありますね。

「ある力」か。遠藤さんを見る限り、10倍以上も上昇する銘柄を見抜いた「予知能力」とかですか……。

うれしいですが、全然違います（笑）。予知能力みたいなエスパー的なものではなく、**答えは「俯《ふ》瞰《かん》力」**です。

「俯瞰力」？

株で勝ち続けている人は、目先の株価の上下に一喜一憂しません。市場全体を冷静に俯瞰して、現状の世の中の動きを把握し、今後の動きを予測。そのうえで何が流行るのか、自分で考え、仮説を立てる。そのあと売るか買うかを判断します。つまり、**俯瞰力＝「世の中の流れをつかむ力」**のことですね。

その俯瞰力が、再現性のある投資のコツなんですねぇ。

実はこの俯瞰力、普段の仕事でも活かすことができる立派なビジネススキルです。例えば、私が主宰する投資コミュニティｉｘｉにも、会社員をしながら、投資をしている人が多く在籍しています。ある人は普通の会社員だったにもかかわらず株を始めて、「自分の会社の株はどうなっているんだろう？」「このサービスは本当に競争力が

あるのか？」などと、**経営者目線で自分の仕事に取り組むことができるようになった**と言っていました。

仕事への考え方にまで変化があったんですね。

すると、会社の経営陣とも話が合うようになり、株を始めてから少ししか経たないうちに、昇進して、給料も上がったそうですよ。こういった例は一人ではなく何人ものメンバーから似たような報告を受けています。

株にそんな良い副作用が！

株で身につくビジネススキル「俯瞰力」

株をやっていると、市場全体を冷静に俯瞰し、何が流行るか自分で考え、仮説を立てることになる。ビジネスでも使える「世の中の流れをつかむ力＝俯瞰力」が身につく

株で培われるこの俯瞰力は、経営者がビジネスで使う能力と非常に近いものがあるので、経営者目線が身につくとも言えますね。

「身の回りで流行ったもの」を見つけてみよう

世の中の流れをつかむ、俯瞰力かぁ、難しそうだな。

会社員の方は、社会と接点があるので、有利だと思います。さらに言うと、編集者である犬飼さんは普通の人よりも日常的に多くのチャンスに触れていると思いますよ。

なぜですか？

ビジネス雑誌の編集者をやっているので、最先端の情報を追うことができ、意識すれば世の中の流れを普通より敏感に感じ取れる環境にいるからです。例えば、雑誌の特集は基本的に「そのとき多くの人が興味・関心のあるテーマ」で組まれます。こういった情報がまさに世の中の動きを察知するのに最適なのです。

言われてみれば！　なんか自分でもやれそうな気がしてきました！

それでは、鉄が熱いうちに、次までの宿題を出したいと思います。

宿題があるんですね！　秘密の特訓っぽくてワクワクします!!

宿題は「身の回りで流行ったものを探してみよう」です。何でもいいですよ。行列のできている店や施設、やたらと耳に入ってくる言葉、印象的なＣＭ、それから最近の社会の変化と、その影響とか。

ここ1年で考えると、コロナでマスクの需要が増えたとか、家にいる時間を楽しむためのアイテムが売れているとか、そういうことですね。

そうです。**コツは、「一次情報」を意識すること。**雑誌で流行を確認するのももちろんいいですが、自分で直接見聞きした要素も入っているとベターです。

わかりました。アンテナを張っておきます。

そして、次回は、証券口座を開いてみましょう！

えっ、もう証券口座!?　難しそうですけど、大丈夫ですか？

世の中には色々な投資本が出ていますが、読んで知識では知っていても、実際に株取引をしてみないとわからないことって、たくさんあるんです。とにかくどんどん行動して、試していきましょう。それに、いざつくってみると意外と簡単ですよ（笑）。大丈夫です。

CHAPTER1のまとめ

❶「価格」と「価値」の違いを意識しよう
❷株式投資とギャンブルの違いを理解しよう
❸ビジネスでも役立つ「俯瞰力」を養おう

次回までの宿題

「身の回りで流行ったものを探してみよう」

CHAPTER

2

スキマ時間にすぐできる「証券口座」の開き方

直近のコロナ禍で株価が上がった会社

前回は、投資を始めるうえで必要な「価値と価格」の考え方と「俯瞰力」を教えてもらいました。

その俯瞰力を身につける練習として、前回「身の回りで流行ったものを探してみよう」という宿題を出しました。犬飼さん、見つけられましたか？

なかなか見つけられずに悩んでいましたが……。実体験から「流行っているのでは？」と思うものが出てきたんです！

アドバイス通り、一次情報をきちんと活かしましたね。例えば、どんなものがありました？

ウェブ会議システムの「Ｚｏｏｍ」です。実は会社では、２０２０年3月末からリモートワークが始まり、取材の多くがＺｏｏｍを使ったリモートになりました。

実際にこの本の取材もＺｏｏｍですもんね。

新型コロナウイルスの流行が原因で、リモートワークが推奨されるようになり、在宅勤務が増加。そのため社内外での会議に便利なＺｏｏｍを使用する人が増えていると思うんです。「Ｚｏｏｍ飲み」なんて言葉をテレビで観たりもしましたし、実際にやってみました。あまり盛り上がりませんでしたけど（笑）。

うんうん。いいところに目をつけましたね。他にもありましたか？

ニュースで観た知識ですが、家にいることが多くなり、**食品宅配の需要**が高まりました。また、任天堂のゲーム機「Nintendo Switch」のソフト『**あつまれ　どうぶつの森**』が大ヒットを記録するなど、老若男女が楽しめる娯楽も需要が高まっていると感じました。

いや、どれも素晴らしい考察だと思います。

ええ、自分のお金がかかってますからね……誰よりも真剣です！

そういうことでしたか……。なぜ、この宿題を出したかというと、**「流行のものを見つけること＝価値が上がる株を見つけること」**だからなんです。

なるほど！

社会の変化の影響を見よう、と言ったのもそのためです。社会情勢だけでなく、事故や事件でも影響が出ます。例えば「あおり運転」が問題になったとき、ドライブレコーダーの売上が急伸したそうです。メーカーの株価もきっと上がっていたでしょうね。

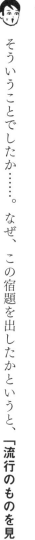

そうだったんですか。調べればよかった……。

いや、でもそれは一時的なもので、株価が動くにしても一時的です。ニュースで大々的に報じられている間は注目されるけれど、皆、すぐに忘れますから。

確かに、私も記憶が薄れてきてます。

ついでに言うと、新型コロナで在庫が無くなったマスクもそう。第一波では需要が上がり価格が急騰しましたね。マスクや医療機関向けの商品を販売している川本産業は株価が1カ月で6倍になり、時価総額も30億円から200億円と、170億円も急上昇しました。でも冷静に考えたら、この需要がいつまで続くかはわかりませんよね。
そう考えると一時的に上がり過ぎているだけの可能性もあると考えられますね。

上がっているか、上がりそうかだけではなく、**「上がり続けるかどうか」**も大事な視点なんですね。

その通り。Ｚｏｏｍはその点をきちんと満たしています。実際にＺｏｏｍのサービスを手がけている「Zoom Video Communications」の株価を見てみましょう。ググルで「Ｚｏｏｍ　株価」と調べれば、簡単に出てくるので、やってみてください。

ググるだけで株価のチャートが見られるんですね。

わかりやすく3カ月で見てみます。新型コロナが騒がれ始めた2月ごろから徐々に株価が上がり始め、比較すると

Zoom Video Communications コロナ禍の株価推移

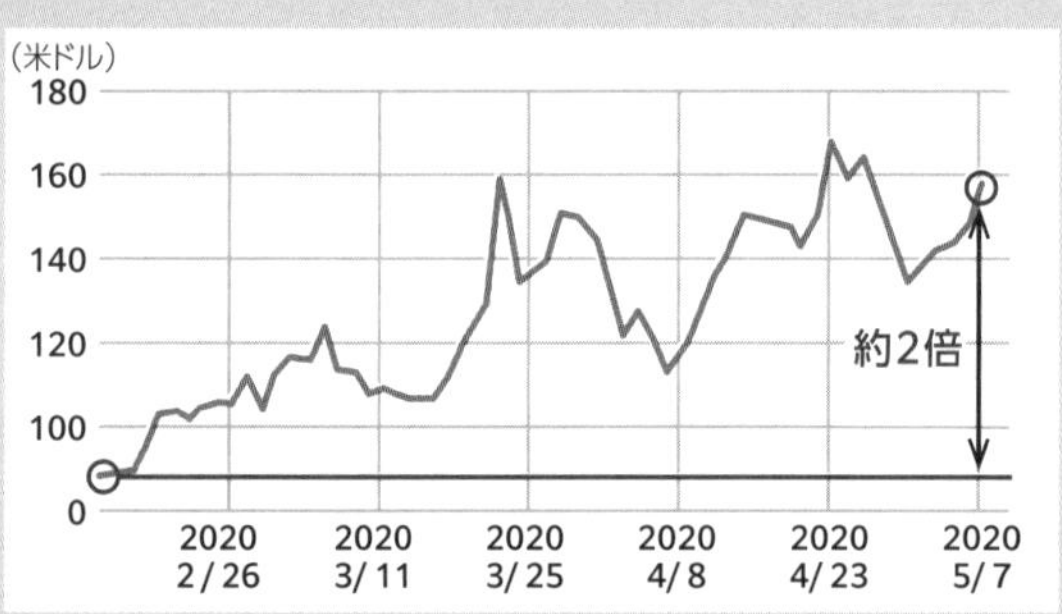

新型コロナウイルス流行の兆しが見え始めた2020年２月ごろから株価が伸び始めた。上がり下がりを繰り返しながらも、２月末から比較して５月７日時点には株価が約２倍に伸びている

2020年5月時点では、**株価が約2倍**になっています。

本当ですね！　私の目に狂いはなかった……。こうやって、実体験も含めて流行るものを見つけることが、上がる株の発見につながるのかぁ。

この調子で流行に敏感になり、自分で予想しながら調べる。すると上がる株を見つけ出す精度も高くなるので、ぜひ続けてみてください。

証券口座は「複数開いておく」のがオススメ

さて、今回のメインは証券口座の開設ですね。

個人が入金して、株の売買を行う場所が証券口座です。実際には各証券会社のHPに動画なども含めて、非常にわかりやすく解説されているものなのですが、犬飼さんは全くの株未経験者なので、今回は証券口座の開き方もご説明します。証券口座を開く

ときのポイントは、**口座を開くときは違う証券会社に複数開いておく**ということです。

どうして複数の口座を開設するんですか？

まれに証券会社のHPやアプリがメンテナンス中で、調べたい銘柄が調べられないことがあるんです。その際、複数の口座を開いておくと、どこかがメンテナンス中でも他の証券会社で情報を調べることができます。

スペアでカギを持っておくような感覚ですね。

非常にわかりやすいたとえですね。あとは、**証券会社によって買える銘柄と買え**

証券口座は複数開いておこう

証券口座はメイン取引用、サブ用と複数開いておく

①証券会社の HP やアプリがメンテナンスを行うことがあり、一時的に銘柄が調べられなくなることがある
②証券会社によっては、まれに取り扱っていない銘柄がある

ない銘柄があることもあります。マイナーな銘柄に多いですが、このときも同様に複数の口座を開いておくと対応しやすいです。とりあえず最初は普段使う「メイン取引用」の証券口座と、もう1つは、もしものときの「サブ用」に2口座ほど開設しておけばいいかと思います。

オススメの証券会社はありますか？

ネット証券であれば、そこまで致命的になるような手数料の差もないですし、犬飼さんの好みでいいと思いますよ。

それでは、ネットで「ネット証券 オススメ ランキング」と調べて頻出だった「SBI証券」と「マネックス証券」の2つの口座を開くことにして、今からSBI証券の口座を開いていきます！

株初心者が口座開設でつまずくポイントは⁉

証券口座の開設は、各証券会社のＨＰに手順がしっかり載っています。それに沿って進めれば、何の問題もなく開設できるので、やってみましょう。

手続き関係は苦手だけど大丈夫かな……。まずは、ＳＢＩ証券のＨＰから口座開設をクリックと。**①口座開設申込み、②本人確認書類の提出、③初期設定、④完了通知の受け取り、**という手順を踏むわけか。①では、住所などの個人情報を登録して……。遠藤さん、**「特定口座」**という言葉が出てきましたが。

特定口座は、開設する証券口座での株取引によって利益が出たときに、**証券会社が個人の代わりに確定申告を行ってくれるもの**です。

「源泉徴収あり」「源泉徴収なし」という選択肢がありますが、これを「あり」にすれ

ば、証券会社がやってくれるんですか？

はい。ただ、確定申告がどうしても面倒くさい人なら「あり」でもいいですが、「なし」にすると資金効率が良くなるというメリットもあります。例えば年の初めに利益を確定した場合、「源泉徴収なし」にしておくと、税金が引かれない金額が証券口座に振り込まれるので、その分のお金を使って再投資することができます。これは源泉徴収で自動的に引かれる税金分のお金を無利子で借りて投資ができるのと同義です。あとは毎年自分で損益を確認して税金を支払うことになるので、納税している意識が変わるとかでしょうか。株式投資益の確定申告はそんなに難しくはありませんが、どうしても自分で確定申告をやるのが面倒という方は源泉徴収ありでも構いません。

なるほど。あと、「ＮＩＳＡ」口座に申し込むかどうかの選択もあるのですが……。

投資で得た収益に対する税金は約20％かかります。それがＮＩＳＡ口座では、年間120万円までの買付けで得た収益が、最長5年間非課税となります。

それなら、ＮＩＳＡ口座を開設したほうがいいですか？

どうでしょう。あくまで私個人の意見ですが、ＮＩＳＡは、長期保有を前提にしたシステムなので小型株１銘柄投資にはあまりフィットしないという印象です。年間１２０万円まで、という額も少し小規模で、メリットを感じにくいですね。**向いているのは、株の長期保有を目的とする人で、年間の取引が１２０万円以下の人。**

私の場合どうなんだろう。長期保有を目的にはしていないけれど、１２０万円以上つぎ込むことは考えてなかったな……。

それから、これも盲点なのですが、ＮＩＳＡは繰越控除ができません。例えば、今年30万円損して、次いで来年、１００万円利益が出たとします。通常口座なら差し引きの70万円の利益として通算できますが、ＮＩＳＡだと年ごとに区切られる。ちょっと使い勝手がよろしくないんですね。

そうなのか。どうしようかな、迷っちゃいますね。

一応、情報としてお伝えしただけなのであまり考えなくて大丈夫ですよ。120万円の範囲で取引をする場合は、NISAを活用するのもよいと思います。特定口座にするか、NISA口座にするかも、個人の判断なので犬飼さんにお任せします。

わかりました。①開設申込みで気になったのはそれくらいです。ネット申込みと郵送での申込みがありますが、今回はネットを選択して、①は終了。

身分証明もスマホ1つで完結できる

いい調子ですね。どんどんいきましょう。

①が終わるとユーザーネームとログインパスワードがメールで送られてくるので、ロ

グイン。次は②の本人確認書類の提出ですね。パソコン画面に表示されたQRコードを読み取ってスマホと連動させ、マイナンバーカードを撮影してアップロード。書類を郵送して、何日も時間を取られることもなく、とてもスムーズですね。

本人確認書類もスマホで撮って、アップするだけで済みます。今回はパソコンでの申込みをされていますが、**スマホだけでも証券口座の開設は完結できますよ**。

便利な世の中ですね〜。（マイナンバーカードの読み取りが認証されず3〜4回撮影を繰り返した）……よし、できた。あとは③の初期設定ですね。初期設定は、勤務先や出金先の銀行口座登録などですね。**インサイダー登録**なんて項目がありますが、これは……。

例えば、上場企業の役員が、自社の公開前の情報を元に行う株取引は禁止されています。上場企業にお勤めの方は必ず、勤め先と会社での身分を登録する必要があります。

不正防止ですか。株を買うときは私も気をつけたほうがいいでしょうか。例えば、友人の会社の新商品の情報を得られたときに、その会社の株を購入するのはマズイですか？

誰もがアクセスできる公開されている情報なら問題ありません。でももし、公開されていない会社の経営統合や資本提携の情報を得て、それを元に売買したら、アウトです。

それは避けます！　捕まりたくない……。

まあ、友達を応援したい気持ちで、新商品発売を機に買ったんだ、ということなら問題ありませんよ。

よかった……。さて次は、手数料に関して。スタンダードプランとアクティブプランがありますが。

ネットでのカンタン口座開設手順
（SBI証券でパソコン操作をした場合）

❶ 口座開設申込み

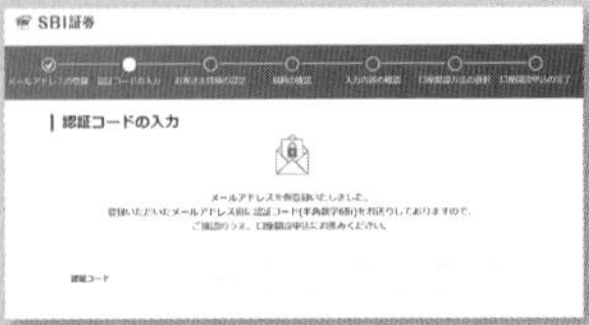

HPからメールアドレスを登録し、
到着した認証番号を入力

居住地などの基本情報

納税方法

NISA申し込み、各種契約を確認

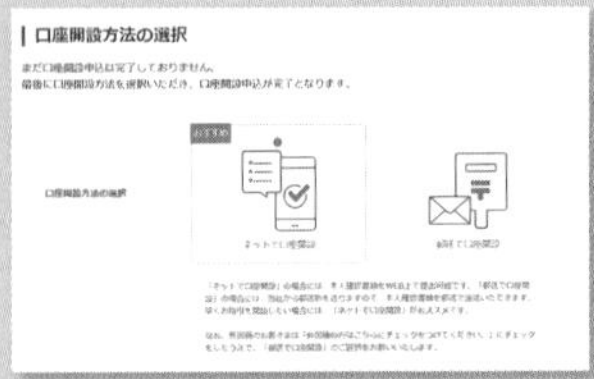

ネットで口座開設を選択し、完了

ユーザーネーム、ログインパス
ワードなどが発行されるので保存

※SBI証券HPを参照

❷ 本人確認書類の提出

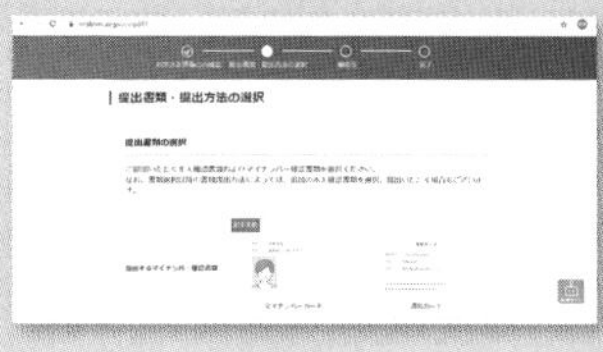

登録した情報に誤りがないか確認後、提出書類を選択し、表示されるQRコードを読み取り、スマホと連動させて撮影

自分の顔写真･マイナンバーカード撮影・提出か銀行口座と連動させることで本人確認を行う

証券会社の審査が通れば、登録メールアドレスにメールが届き、口座開設は完了

❸ 初期設定

出金先の銀行口座登録などの初期設定も先に行っておけば、審査が完了次第すぐに株投資ができるようになる

❹ 完了通知

登録メールアドレスに手続き完了の通知が来れば、終了

※わかりにくい部分は、各証券会社のHPに
証券口座の開き方の詳細な説明がありますので、そちらをご参照ください。

アクティブプランは1日に何度も売買を繰り返すデイトレーダー向けです。今回私がお伝えする投資法は、デイトレードではなく中長期的な手法ですので、**スタンダードプランを選択しておいてください。**

これで口座開設に必要な手続きが全部終わりました！

お疲れさまでした。あとは口座開設完了のメールが届くのを待つだけです。

まずはHP画面を触って準備運動をしよう

【6日後】

SBI証券からメールが来て、口座開設が無事完了しました！　コロナ禍が起こった3月以降にネット証券口座を開設する人が急増したらしく、そのせいか、いつもより開設に時間がかかっているようでした。

それでは、開設された口座に今回の軍資金を入れてみてください。まずは練習がてら、10万円くらいから始めてみてもいいかなと思います。犬飼さんはいくらから挑戦してみますか？

お金をどうにか増やしたいという切実な思いを背負って株式投資を始めていますので、より緊張感を持って取り組めるように、**なけなしのボーナスをかき集めて、100万円から始めてみたいと思います！** この100万円が大きく育って、私の元へ帰って来てくれることを祈ります……。

これで株式投資のスタートラインに立てましたね。

大きくなって
帰っておいで…
10000
証券口座

犬飼さん、まだですよ。口座開設は、スポーツで言うところの道具一式を揃えた段階。それだけでは、いきなりバスケの試合はできませんよね。とりあえず、ドリブルをするが如く、ＳＢＩ証券のＨＰ画面を色々といじってみましょう。

画面が複雑で何をどういじっていいかすらわかりません……。

犬飼さんは、今、気になっている銘柄はありますか？

テレビ番組の『カンブリア宮殿』に出ていて、今後さらに流行りそうだと感じている、**食品宅配で人気の「オイシックス・ラ・大地」**が気になっています。

それでは、ＳＢＩ証券のＨＰの「銘柄をさがす」からオイシックスを検索してみましょう。検索できたら、**「評価レポート」**のタブをクリックしてみてください。

すごい！　会社概要から業績動向、トピックスまで詳細に書かれていますね！

他に四季報なんかも見られますし、気になった会社があったら、ここで情報収集してみてください。

見ていると楽しくて時間を忘れちゃいそうです。

犬飼さんは終わってしまいましたが、読者の方への今回の**宿題は「証券口座を開いて、気になる銘柄の情報を調べてみよう」**です。次回からは、購入する株の銘柄を絞っていきますよ。

銘柄か、迷いそうだなぁ。

証券会社HPには情報が満載！

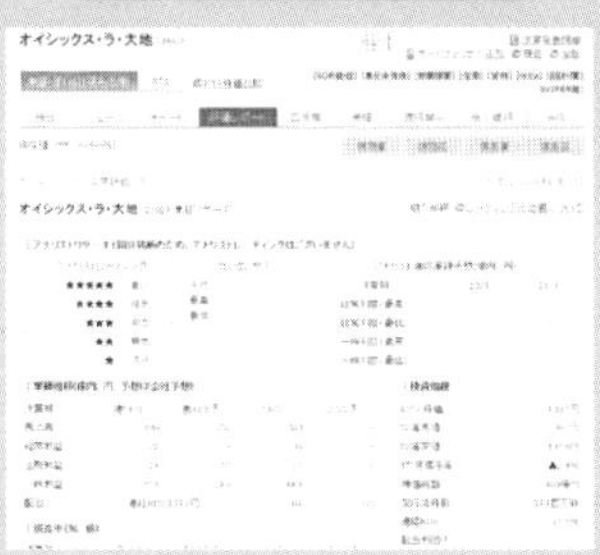

オイシックス・ラ・大地の「評価レポート」画面。会社の事業内容から、業績動向、注目すべきトピックスまで、様々な情報がこの画面から読み取れ、株購入の判断材料にできる
※SBI証券HPから引用

CHAPTER2のまとめ

❶流行を追いかけて、今後流行りそうなものを日々予想しよう

❷証券口座は取引用、サブ用の二つを開いておこう

❸証券口座が開けたら、ログインして会社情報を調べてみよう

次回までの宿題

「証券口座を開いて、気になる銘柄の情報を調べてみよう」

CHAPTER

3

「上がる銘柄」を見極める絶対条件

東証一部は「豊洲市場」、マザーズは「地方の市場」？

今回のテーマは、「上がる銘柄の条件」です。どうですか犬飼さん、口座開設後、画面を色々操作して、情報収集してますか？

はい。ただ最初はワクワクしていたんですが、落ち着いてみると、画面がわからないことだらけで……何をどうしていいか。

大丈夫ですよ、徐々に慣れますから。そうだな、最初は……**「売買代金ランキング」**を見てみると面白いですよ。値上がり率のランキングには、現時点での株価が上がった順に銘柄が出てきます。東証一部、マザーズ、それぞれ見てみてください。

これか……**1位の会社は＋28％**ですね。

前日に１００万円分これを買っていたら、１２８万円になっていたわけですね。これを見ながら、「なぜ上がったのかな」を調べるとさらに面白いです。

それから、初歩的な質問ですみません！　東証一部とか、マザーズとか、株の取引市場にはそれぞれ、どんな特徴があるんですか？

東証一部は、成熟した大企業が集まった市場。日本最大の市場・豊洲に一番大きなマグロが集まっている感じを想像してください。対して、**マザーズは地方の小ぶりな市場のイメージです。**

おお、なるほど……。

東証一部上場には厳しい基準があります。株主の人数が何人以上必要、とか。対して、マザーズ上場の要件は比較的緩め。**新しいベンチャー企業が多い**ですね。これから犬飼さんが銘柄を選ぶにあたっては、マザーズが中心になると思います。

株購入時の「絶対にやってはいけない」

わかりました。いよいよ、私のなけなしの100万円を入金した口座で、株の銘柄選びが始まります！

今までは株式投資をするための考え方や準備の話をしてきましたが、ここからが本番ですよ。

目標は高く、ゆくゆくは100万円を大きく1000万円まで増やしたいので、**1年で2、3倍。半年で1・5倍の実現を目指したい**です——そういうわけで、遠藤さん、この企画の成功のために、確実に株価が上がるオススメの銘柄をこっそり教えてもらえませんかね……。ここだけの話、そうすればこの本も体裁が整いますし、増えたお金をいくばくか遠藤さんにお戻しして……（コソコソ）。

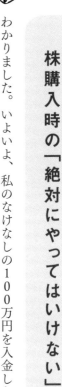

……。

あれっ、遠藤さん？　遠藤さ〜ん⁇

犬飼さん！

ひぃっ、急になんですか。

この章ではまず、**投資で「やってはいけないこと」**からお教えしましょう。

やってはいけないことですか？

はい。それはまず、犬飼さんが今、密かに行おうとした**「人に勧められた株を買**

株式投資の2大やってはいけない

①勧められた株をそのまま買う　②他人に資産を預ける

う」です！　特に多いのが証券会社の方から投資信託を勧められる場合。あれは、我々投資家が儲かるかどうかは関係なく、証券会社の担当者が手数料を取りやすい投資商品を見繕っていることが多いので、注意が必要です。極端に言えば、証券会社の担当者は、投資家に勧めた株の株価が上がろうが、下がろうが関係ないんですよ。だから、多くの場合、**「上がる投資商品」ではなくて、「売りたい投資商品」を勧めてくる**わけです。あらゆる商品に言えることですが、金融業界では特に相手から積極的に勧められる商品に良いものはありません。本当に良い投資商品はわざわざ宣伝しなくても、選ばれて勝手に売れていくからです。そもそも本当に上がると思っている金融商品なら、わざわざ他人に勧めるのではなく、自分で買えばいいと思いませんか？　だから、**株の銘柄は自分で選んで、自分の責任で買いましょう。**そうしないと株を見極める能力も上がりませんよ！

すみません……。

もう1つのやってはいけないことは、**「他人に資産を預けること」**です。よくあるの

が、「面白い話があるけど一口乗らないか」と言われて乗ってしまうこと。私も未熟だったときに何度も経験しましたが、預けるといつの間にかお金は消えてなくなります（笑）。

「上場5年以内の会社」は急成長の大きなチャンス！

申し訳ないです……つい損をしたくないばかりに魔が差しました……。それでは気を取り直して、銘柄選びのコツを教えてください！

わかりました。1年で3倍以上に伸びる可能性がある銘柄を見つけるコツは、大きく4つあります。1つ目は、**「上場から5年以内の会社」**であること。

上場から5年以内の会社をすぐに探すことができる方法があるんですか？

具体的な調べ方としては、ネットで「IPO（新規公開株）5年以内」と検索すれ

ば、簡単に出てきます。

随分、若い会社が多そうですね。

この条件は**「成長の余白」がポイント**です。基本的に我々が企業の株を購入できるようになるのは、企業が上場したとき。上場することで、企業は価格をつけて株券を発行し、それを広く購入してもらうことで、お金が入ります。企業はそのお金を使って、事業の拡大や成長を図っていくわけです。

上場することによって、企業に大きなお金が入るんですね。

そうです。上場によって、まとまって入ってきたお金を有効に使えれば、企業は短期間で急成長します。

成長の幅が大きい上場から間もない会社に、株価上昇のチャンスが大きいのか！

逆に、上場して20年以上経っているのに、株価が大して伸びていない企業もあります。これは20年以上成果を出せていないと評価されても仕方がありませんよね。例外的に、社長が変わったり、方針が大転換したり、新規事業がうまくいったりで急成長することもありますが、ごく少数です。

「時価総額が大きい、小さい」株価が上がりやすいのはどっち？

まずは上場5年以内の企業。次を教えてください！

2つ目は、**「時価総額が300億円以下」**の小さな会社であることです。

遠藤さん、もう一度、時価総額について教えていただけますか。株価×発行済株式総数、というお話はすでに教えていただきましたが、まだ今ひとつイメージがつかめません。株価が上がっていれば、成長しているということではないんでしょうか。

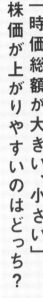

そうですね、簡単に言えば、時価総額が**ケーキ丸ごと1つの価格で、株価はケーキひとくちの価格**といったところです。ひとくちの価格を見ても、ケーキ全体の価格はわかりませんよね。同じように、会社が発行している株の一部の価格である株価を見ても、その会社全体の規模はわからないんですよ。だから、**株を買うときは時価総額を見るようにしてください。**

なるほど。でも、時価総額の小さな会社は、利益も少なく儲からないイメージが……。

小さな会社はこれから規模が大きくなる可能性を秘めていると言えるんです。株価が2倍になるためには、会社を丸ごと買ったときの価格である時価総額が2倍になる必要があります。例えば、大企業であるソフトバンクグループの時価総額は、約10兆円（2020年6月5日時点）です。この**ソフトバンクの株価が2倍になるには、時価総額をさらに10兆円プラスする必要があります。**

さらに10兆円プラスするというのは、想像もつかないですね……。

でも**時価総額100億円の会社なら、株価が2倍になるために必要なのは、あと100億円の成長でよい**わけです。

なんだか、10兆円の成長に比べるとすごく到達しやすそうです！

時価総額が増えるということは、世の中に新しい価値を提供できたことの証明です。時価総額10兆円の会社が、さらに10兆円の価値を社会に提供するのは非常に難しいです。これまでの事業の他に、いくつもの新しい市場を開拓して、トップクラスのシェアを握ることができて、やっと達成できるような規模なので、もし達成できても非常に時間がかかります。だから、株価が3倍以上になるスピードや可能性は、時価総額が小さい100億円の企業のほうが高くなります。

時価総額の小さな会社は「金の卵」なんですね。

そもそも大企業も最初は小さな時価総額からのスタートだったんですよ。ビル・ゲイツが創業したマイクロソフトも、アメリカ市場なので少し規模が大きいですが、上場当初は（現在のドル円レートで計算すると）時価総額約500億円の小さな会社でした。

ええっと、今のマイクロソフトの時価総額は……約150兆円!? 3000倍ということは、**上場時の1986年に100万円分の株を買っていたら……約30億円に！**　ゆ、夢がある。

日本で実際に株価が3倍以上になった上場企業の多くが、上場時の時価総額は300億円以下なんです。

「時価総額300億円以下」が、投資すべき「小型株」の規模なんですね。今回で、ようやくイメージが明確になってきたぞ！

株の銘柄は文字通り「右肩上がり」を選ぼう

遠藤さん、3つ目は！　3つ目を早く教えてください！

やる気が出てきましたね。ちょっと怖いくらいです（笑）。3つ目は、**「皆が欲しいと思う商品を提供しているか」**です。ポイントは「俯瞰力」。最初のほうで説明しましたが覚えてますか？

今後、何が流行るのか、世の中の流れをつかむ力ですよね。ここでその力が発揮されるのか！

現状の世の中はどう動いているか、今後必要とされるものは何か。HPなどでその企業の商品やサービスを見て、伸びそうか仮説を立ててみましょう。その商品を自分で使ってみるのが理想ですが、使った人の話を聞いてみたり、レビューがネット上にあ

れば、それを参考にしてみてもよいですね。

友人や同僚に紹介しても恥ずかしくないパートナー株を見つけたいと思います！

私や他の人にその**会社の事業内容の魅力をプレゼンでき、いくつか質問があっても答えられるくらいがベスト**です。世の中に提供する価値そのものなので、ここはじっくり調べてください。

はい！　メモメモっと。

それでは次が最後の必須条件になります。

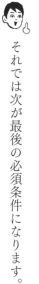

最後の必須条件。（ゴクリ）

最後の条件は、**「株価チャートが上昇トレンド」**にあること。ここでは、「銘柄の動きの流れ」がポイントです。具体的には、その銘柄の3カ月、6カ月のチャートを見て、**単純に右肩上がりになっているもの。**また、移動平均線という、ある一定期間を切り取った線がチャートには記載されています。だいたい**1カ月の移動平均線が右肩上がりになっていることを基準に判断**してください。

右肩上がりで勢いのある銘柄ということですね。

選ぶときに右肩上がりの株は他の人からも注目されて、取引が活発になって

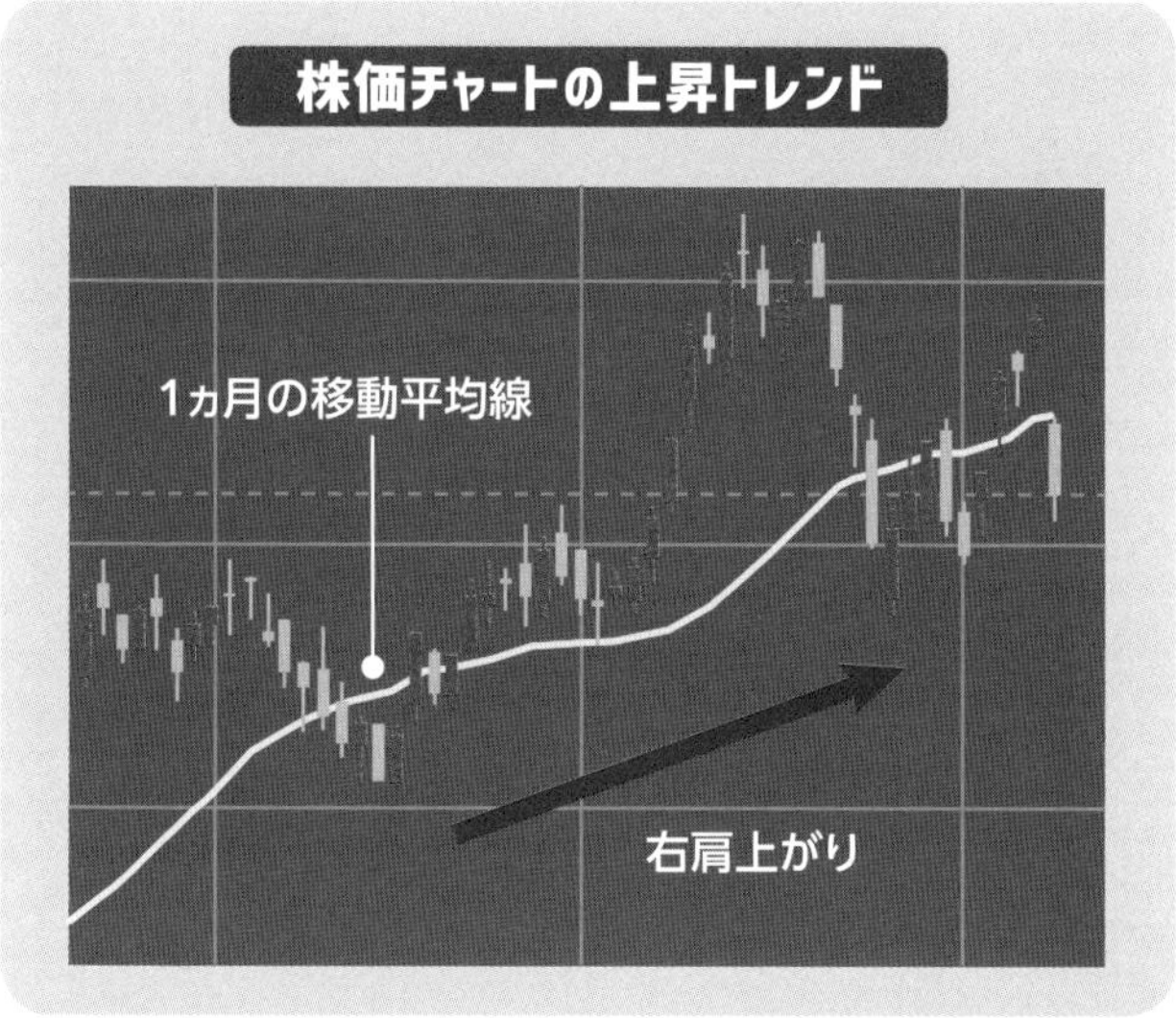

いて買われやすいので、さらに株価が上がる可能性があります。逆にそうなっていない株は注目されず変化が起こりにくいと言えますね。下手をすると1年以上も鳴かず飛ばず、なんて株もよくあります。

「社長の性格」によって会社の方針が変わる⁉

ここまでが、銘柄選びで必ず押さえておいて欲しい条件ですが、さらに精度を高く銘柄を見分ける方法も追加で4つお教えします。

一度には覚えられないかもしれませんが、ぜひ教えてください！

5つ目は、**「創業社長が現役」**であるということです。これは、**「経営力」がポイント**になります。もちろん、その会社でビジネスパーソンとして育った社長や、外部から招いた社長が悪いわけではありません。でも、創業社長は自分で起業して、一からビジネスを作り上げてきた分、スピード感と強い決断力を持って、経営を引っ張ってい

くことが多く、上場後に急成長する会社が多いです。例えば、アメリカではAmazonのジェフ・ベゾス氏、Facebookのマーク・ザッカーバーグ氏。そして、日本ではソフトバンクの孫正義氏、楽天の三木谷浩史氏などがいますよね。

創業社長というと少しワンマンな印象もありますが……。

そうですね。ただ、これからの変化の時代では、過去の成功体験が通用しません。上場後すぐなら、なおさら変化の波にさらされます。そんなときに、周りの意見を聞きながら合議をとって経営を進めていたら、対応するのは難しい。**ある程度ワンマンでも、スピード感と決断力を持って経営している社長のほうが、投資という観点で考えるとチャンスは大きい**と思います。確かにワンマンが故に、間違った方向に進むこともあるので、しっかりとその社長のインタビューやHPなどで情報収集をして、人物を見極める必要があります。それから**創業社長の性格も重要です**。

社長の性格？

社長が強気な性格だと、いけいけどんどんで、上場後に波に乗って、急激に業績を伸ばしていくことが多いです。一方で、ライザップやいきなりステーキもそうでしたが、業態を広げたり、店舗数を増やしすぎたりして、調子に乗ると会社の実力以上に拡大しすぎる傾向にあるので、そうなる前に株は手放したほうがよいです。一方で、慎重な性格の社長は強い一手を打てないので、上場後の初動は良くありません。ただ、その**慎重な社長から強気な発言が出るときは、よほど自信があるときなので、大きく会社の業績も伸びる可能性がある**んです。

社長の性格1つで、会社の方針や投資対象としての判断の仕方も変わるんですね。

「大株主のモチベーション」が時価総額を大きく左右する

続く6つ目は、**「社長や経営幹部が大株主」**というものです。ここでのポイントは**「経営者と投資家の利害の一致」**です。

投資家が求めるものは、その会社の時価総額の増加ですよね。

そうです。そう考えると経営者や経営幹部も自社の時価総額の増加に意欲的であれば、株価も上がりやすいですよね。もし、彼らが自社の大株主であったら、会社の時価総額が上昇すると、給料よりもはるかに大きく資産の増加に直結します。例えば、『役員四季報2021年版』（東洋経済新報社）によれば、上場会社で最も稼いだ経営者は、ソフトバンクグループの孫正義氏で、総額は195億4200万円でした。その内訳は、役員報酬として2億9000万円、配当収入が193億3300万円です。孫正義氏はソフトバンクグループの株を20％以上（2020年10月時点）と、最も多く保有している大株主です。孫正義氏のような日本トップクラスの経営者になると、**給料の約100倍も株による収入が大きくなる**のです。

自分の判断や頑張りで、自らの資産の増減がストレートに時価総額の影響を受けるとなると、怠けがちな私でも、必死に働いて会社の時価総額を上げにかかります（笑）。

逆に、大株主ではなかったらどうでしょう。

私の怠け者思考で考えると、**社長や経営幹部としての給料しかないので、仕事で挑戦してミスをして、降格などで今の地位を失うよりは、ほどほどに現状維持を狙います。**消極的ですみません……。

いえいえ、多くの会社でほとんどの人がそう考えると思いますよ。自分の給料を上げたり、維持したり、退職金をしっかり確保しようとしたり。でもその行動は、投資家の利益とは重ならないものです。だから、社長や経営幹部が大株主である会社を投資対象にしているんです。

その会社の大株主が誰なのか、どうすればわかるんですか？

「会社名　大株主」で簡単に検索できますし、口座を開設した証券会社のＨＰやアプ

リでその会社の四季報に掲載されている「株主名簿」見ると、上位10名まで掲載されていますので、銘柄選びの際にはそこも注目してみてください。

「優秀な新入社員」で会社の将来性を見る

いよいよあと2つですね。

7つ目は**「高学歴の新卒社員がいる」**です。ここでのポイントは**「その会社の将来に魅力があるか」**です。

新卒社員までが投資の判断材料になるんですね！

そうなんです。私の投資経験上、高学歴で優秀な新卒社員が入社しているベンチャー企業は例外なく、その後、急成長を遂げています。就職希望者の多くが入りたい会社のランキングでは、超有名企業が軒《のき》を連ねています。しかし、そういった有名企業からいくつも内定をもらえているにもかかわらず、それを蹴ってでも高学歴で優秀な学生が入りたいベンチャー企業というのは、それほど魅力があるということです。給料だって、有名企業のほうが多くもらえることはわかっているはずなので、その会社のビジネスモデルや将来性に賭けているということなのでしょう。そういった学生に選ばれる企業は業績を伸ばしていくことが多いです。

学生にとっては、就活もある意味、人生を賭けた投資ですもんね。今や大手企業であっても、早期退職やリストラも珍しくなくなってきていますし、優秀な学生に選ばれているということは、将来性のある証《あかし》なのですね。しかし、これはＨＰなどで調べてわかるものなのでしょうか。

なかなか見つけにくいかもしれませんが、ＨＰ上の採用ページを見るとよく先輩社員の紹介が載っていて、そこで情報を得られる場合もあります。もちろん新卒社員に限らず、急成長するような会社には中途でも優秀な人材が多く入ってきます。**優秀な人材が多く集まる会社に便乗するという視点**ですね。

投資先の平均年齢は「30代前半」がベスト！

いよいよ追加条件も最後になりましたが、どのような条件でしょう。

最後の条件は、**「社員の平均年齢が若い」**ことです。これも前述の「高学歴の新卒社員がいる」ということと重なるのですが、**「会社の将来性」**がポイントですね。新卒にしろ、中途入社にしろ、若い優秀な人は先見の明があるというか、今後伸びなさそうなサービスを提供している会社には就職しません。だから、20代、30代の社員が多いのはこれからの将来性を感じているということで、彼らが今後の会社を引っ張っていく原動力にもなりますよね。

平均年齢は何歳くらいが魅力的ですか？

だいたいですが、**社長が30代、社員の平均年齢も30代前半というのがベスト**だと個人的には考えていますね。

20代ではダメなんでしょうか。

平均年齢が20代となると、逆に不安要素になりますね。うまく軌道に乗ると大きく会社も伸びていきますが、経験が浅い方が多いので、サービスの不具合や、会社同士のトラブルにすぐに対応できなかったりして、それがリスクになることがあります。でもそれ以上に、**平均年齢が50代以上の会社は申し訳ないけれど投資対象外**にしています。こういった社員の平均年齢も目安として見ておくといいと思います。

毎度聞いて恐縮ですが、これも調べる方法があるんですか？

実はこれも、証券会社のサイトやアプリで銘柄の四季報を調べると社員の平均年齢、そして平均年収まで書いてあるところもあるんですよ。

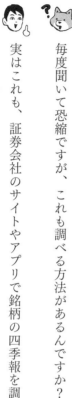

四季報には色んな情報が詰まっていて面白いですね。ありがとうございます！**①上場から5年以内、②時価総額が300億円以下、③皆が欲しいと思う商品を提供している、④株価チャートが上昇トレンドの4つが銘柄選びの必須条件。**そして、追加でチェックしたいのが、**⑤創業社長が現役、⑥社長や経営幹部が大株主、⑦高学歴の新卒社員がいる、⑧社員の平均年齢が若い、の4つ**ですね！　これらの8つの条件を満たす銘柄を選びます！

これらの条件に沿って選んでいただきたいのですが、**完全に満たす必要はありません。**例えば、「高学歴の新卒社員がいる」という条件を満たしているかが、どう調べてもわからないという場合には、この条件は飛ばしていただいても構いません。次ページに、8つの条件をまとめたチェックリストを作っていますので、このリストを見ながら銘柄を選んでみてください。満たしている条件には○。一部だけ満たしていたり、少し条件を超えているものには△。満たしていなかったり、わからなかったものは×をつけるなどして、うまく活用してください。

「小型株1銘柄投資」
銘柄選定チェックリスト

選ぼうとしている銘柄が条件を満たしているか
チェックしてみよう。調べてもわからない条件には
×をつけ、できるだけチェックの多い銘柄を選ぼう

① 上場から5年以内の会社 □

② 時価総額300億円以下 □

③ 皆が欲しいと思う商品を提供している □

④ 株価チャートが上昇トレンド □
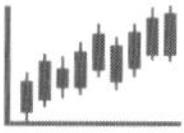

⑤ 創業社長が現役 □

⑥ 社長や経営幹部が大株主 □

⑦ 高学歴の新卒社員がいる □

⑧ 社員の平均年齢が若い □

初めての株購入は銘柄を1つに絞る

承知しました！　ちなみに、最初は何銘柄くらい買ったらよいのでしょう？

最初は……1銘柄でいきましょう！

1銘柄だけ⁉　えっ、小さく絞るとは聞いてましたけど……。1つの会社に運命を委ねるなんて、怖すぎますよ。複数の銘柄を買って、リスクは分散したほうがいいんじゃないですか？

私も以前は、株の基本と言われていた「分散投資」をしていました。でも、もし犬飼さんが、100万円投資するとして、10銘柄選んでって言われたらどうします？

教えていただいた条件に合うものを調べていきますが、6銘柄目くらいから、これで

いいかなって、選ぶのが面倒くさくなってしまう気がします（笑）。

そこがポイントで、どうしても**「なんとなく」買ってしまう銘柄が生まれるんですよ。**1銘柄あたりに対する調べ方が雑になります。でも、100万円で1銘柄だけを買おうとなった場合は、「よくわからないけど、これ買ってみよう」とはなりませんよね。それが一番の理由です。

確かに、この100万円で10銘柄買っていいと言われたら、「よくわからないけどこれも買ってみようかな」という危険な銘柄の選び方をしてしまいそうです。**1銘柄だからこそ、失敗したくない心理が働く。まさに「背水の陣」ですね。**

それから、銘柄を購入したあとにも影響します。**1銘柄なら、日常的に注意を払うことができるんです。**通勤時間とか、会社の休憩時間とか、ちょっとした時間にパッと見られます。そこで、値動きだったり、ニュースをキャッチするのですが、10銘柄も持っていたら、まず個々の銘柄を追いかけきれません。

1銘柄なら1日3分で終わるものも、10銘柄あると30分かかっちゃいますもんね。

徹底的に銘柄について調べて、1点集中で買う。これが「小型株」と共に重要な部分である「1銘柄投資」です。

これが、遠藤さんが1銘柄だけで億単位のリターンを達成した秘訣か……。

今回は、銘柄選びのポイントの紹介だけで終わってしまったので、今回の**宿題は、「購入する株を1つ選んでみよう」**です。次回は選んだ銘柄を犬飼さんにプレゼンしてもらいますよ。

優柔不断の私が銘柄を決められるかどうか、憂鬱です……。

小型株1銘柄投資とは？

小型株

- **時価総額300億円以下の企業**

時価総額が小さな企業のほうが、成長の伸びしろが大きく、成長スピードも格段に速い

1銘柄投資

- **1銘柄に金額を集中させること**

購入は1銘柄に絞り、じっくり調べて購入し、管理する

CHAPTER3のまとめ

❶人がお勧めする株は買わない
❷銘柄選びのポイントをチェックしよう
❸購入する株は1つに絞ろう

次回までの宿題

「購入する株を1つ選んでみよう」

犬飼の自習室 1

「購入する株を1つ選んでみよう」

遠藤さんたら、銘柄を選ぶとき、本当に「この株がいい」とか教えてくれないんだ……。とりあえず、教えてもらった8つの条件に合う銘柄を探そう。上場5年以内の会社だから、「新規上場5年以内」でネット検索して。おっ、事業内容も含めて、全部まとめてくれているサイトが！　これを見ながら決めよう。

8つの条件を満たしているか、どれが△、×なのかをワードでまとめたぞ。当てはまる銘柄はそこそこあったけど、ビジネスモデルを自分が理解できるものは7つくらいに絞れたな。でもここからの絞り方がわからない……。遠藤さんにメールしよ！　「7つくらいに絞れましたけど、このあとどうすればいいですか？」っと（遠藤さん「そこから3つに絞りましょう」）。ここからさらに3つか〜。

より自分が投資して、損をしても仕方がないと思える事業をしている会社に絞り込もうか。1つが友人が利用していた「レアジョブ」、もう1つが実家近くにある「ユーピーアール」。なかでも本命はうちの雑誌で副編集長が記事にして、社長の起業話が印象深かった「ビザスク」にしておこう。自分が困った体験を解決するために事業を始められたようだし、社長は東大からゴールドマン・サックスを経ているから、バリバリ仕事をこなしそう。この事業が伸びずに、お金が減っても、もう仕方ないや。

CHAPTER

4

銘柄を決めたら、実際に株を買ってみよう

銘柄選びで最も悩んだ「最後のポイント」

前回は、株購入でやってはいけないことと、銘柄選びのコツを習いました。

銘柄選びで**最低限満たしてほしい条件は、①上場から5年以内、②時価総額が300億円以下、③皆が欲しいと思う商品を提供している、④株価チャートが上昇トレンド、この4つでした。これらに加えて、⑤創業社長が現役、⑥社長や経営幹部が大株主、⑦高学歴の新卒社員がいる、⑧社員の平均年齢が若い、もあれば、なお良し**でしたね。

はい！　それをもとに、「購入する株を1つ選んでみよう」という宿題のために成長性を感じる銘柄を選んできました！

それでは、選んできた銘柄について、プレゼンをお願いします！

選んだのは、**スポットコンサルティングを事業にしている「ビザスク」という会社**です。

「ビザスク」ですか、どうやってこの会社を知ったのですか？

最初に、①の「上場から5年以内の会社」という条件を満たすために、「IPO（新規上場）5年以内」をネットで調べ、過去5年以内に上場している会社を検索。次に②の「時価総額300億円以下」という条件でさらに会社を絞り込みました。

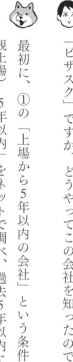

うんうん、教えた通りにやってくれていますね。

その中でも特に気になったのが、次の3つです。**「ビザスク」**と、上場後5年を少しだけ経過していますが、**オンライン英会話で会員数業界No.1の「レアジョブ」**。そして、**物流、製造現場向け箱型荷台（パレット）などのレンタル・販売を行う「ユーピーアール」**。どの会社も、直近数年の業績は、売上、利益ともに右肩上がりで好調でした。

その中から、ビザスクを選んだ理由はなんですか？

③の**「皆が欲しいと思う商品を提供している」かどうかが決め手**で、特に魅力的に感じたからです。これが一番難しかったです……。③の見極めが、株式投資の命運を分けるのではないかとすら思いました……。

その会社の事業内容に「オリジナリティ」はあるか？

それぞれ、サービスを欲しいと思う人はいそうですもんね。

そうなんですよ……。レアジョブは、仕事から帰宅後、英語を話せるフィリピン人講師から、家で英会話のウェブ授業を受けられるから需要がある。でもこれは、他のオンライン英会話の会社でも同じことができ、代替可能なのではないかと思いました。

オンラインで、固定費があまりかからない事業形態ですが、同業他社は多そうですね。その中で突出することができ、**時価総額が大きくなるには明確な差別化をしていく必要がありそう**ですね。

ユーピーアールが事業を手がけている、運搬を効率化できる箱型荷台（パレット）のレンタル需要もまだまだ高くなるだろうと思いました。コロナ禍の影響で、物流量が大きく増加していると聞きまして、その流れは今後も続くと思われます。しかも、本社が私の実家の近くなので、郷土愛が……（涙）。

投資する会社を愛しすぎてしまうのもまた危険なんですよね……。そこは事業やビジネスモデルからシビアに判断しましょう。物流量が増えているとはいえ、この箱型荷台の量が短期間で2倍に増えたりするかというと、ちょっと疑問符がつきますよね。

そうなんです。その点、ビザスクはビジネスモデルも新しくて、非常にオリジナリテ

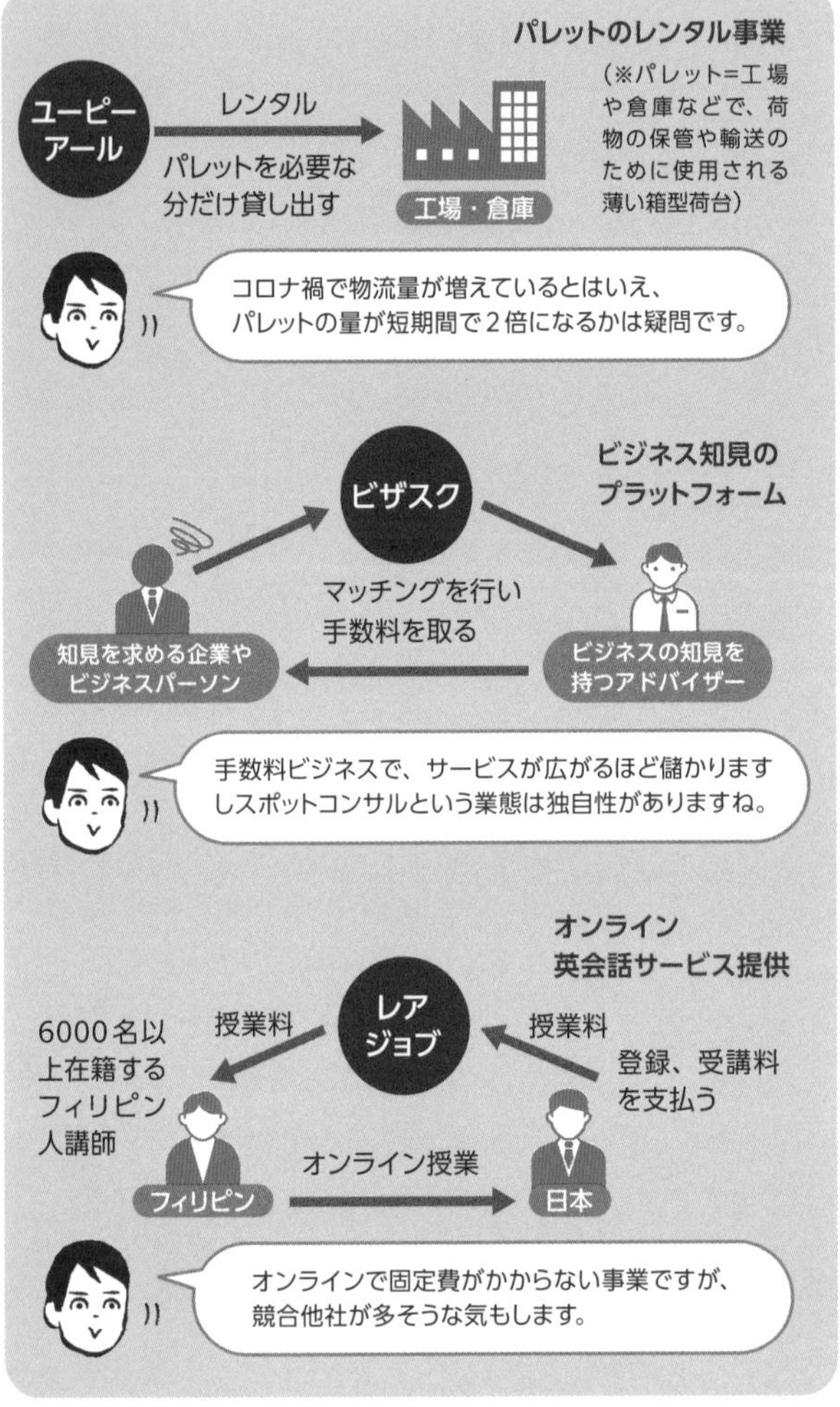
パレットのレンタル事業
（※パレット＝工場や倉庫などで、荷物の保管や輸送のために使用される薄い箱型荷台）
ユーピーアール
レンタル
パレットを必要な分だけ貸し出す
工場・倉庫
コロナ禍で物流量が増えているとはいえ、パレットの量が短期間で２倍になるかは疑問です。
ビジネス知見のプラットフォーム
ビザスク
マッチングを行い手数料を取る
知見を求める企業やビジネスパーソン
ビジネスの知見を持つアドバイザー
手数料ビジネスで、サービスが広がるほど儲かりますしスポットコンサルという業態は独自性がありますね。
オンライン英会話サービス提供
レアジョブ
授業料
6000名以上在籍するフィリピン人講師
授業料
登録、受講料を支払う
オンライン授業
フィリピン
日本
オンラインで固定費がかからない事業ですが、競合他社が多そうな気もします。

※各社HPを参照し、作成

ィがあると感じました。ビジネスの知見を持つ人が、アドバイザーとしてビザスクに会員登録。一方で、ビジネスで壁にぶつかり、ヒントが欲しい企業やビジネスパーソンがアドバイザーを探す。マッチングすると、利用者は1時間数万円くらいから、知見を持ったアドバイザーと電話やビデオ通話で、相談ができます。その**アドバイザーと悩める企業、ビジネスパーソンをマッチングさせて手数料をもらうのが、ビザスクの事業**です。

「財務諸表」は読めなくてもOK

ビザスクのサービスは、犬飼さん自身も利用してみたいと思いましたか？

はい。会社で働いていて、社内の知見だけでは、解決できない問題があったんです。実は編集をしているビジネス誌で、誌面にご登場いただいた方を中心に招いて、オンラインセミナーを定期的に開催しています。そのときに集客はどうしたらいいか、どうすれば収益化できるかなど、オンラインセミナー開催に成功している方に気軽に相

談できたらいいなと痛感しました。

実体験から必要性を感じたんですね。

コストパフォーマンスも良いと感じました。会社をあげてコンサルタント会社に頼むと費用がかさみます。その点、知見のある方に1時間数万円くらいから、色々相談できるなら、費用も高いとは感じず、部署単位で気軽に利用することもできます。

ちょっと銘柄情報を見てみましたが、面白い会社だと思いますよ。ビザスクとしては、**手数料ビジネスなので、このサービスが広がれば広がるほど、何もしなくても儲かるようになっていますよね。実際に売上や登録者数も順調に伸びているようですし。**今後は行動様式が変わって、オンラインでミーティングや情報交換をする機会はさらに増えていくと思うので、その時流も追い風になっている気がしますよね。

ありがとうございます！　銘柄の選びの④〜⑧の条件も企業ＨＰや証券会社の情報を

見てみると多くを満たしていました。④の「株価チャートが上昇トレンド」も直近では下降気味ではありましたが、1カ月の移動平均線を見てみると、きれいに上昇カーブを描いています！　⑤の「創業社長が現役」も満たしていて、⑥の「社長や経営幹部が大株主」も社長が約60％と半分以上の株を保有しているので、これも満たしています。⑦「高学歴の新卒社員」では、HPの採用情報を調べました。新卒社員の情報は非常に少なかったのですが、2019年入社の方々のインタビューが掲載されており、東京大学出身の方もいたり、様々な業界を受けてきた中でビザスクを選んだ方もいて、皆さん自分のビジョンがはっきり見えていて、非常に優秀そうな印象です。

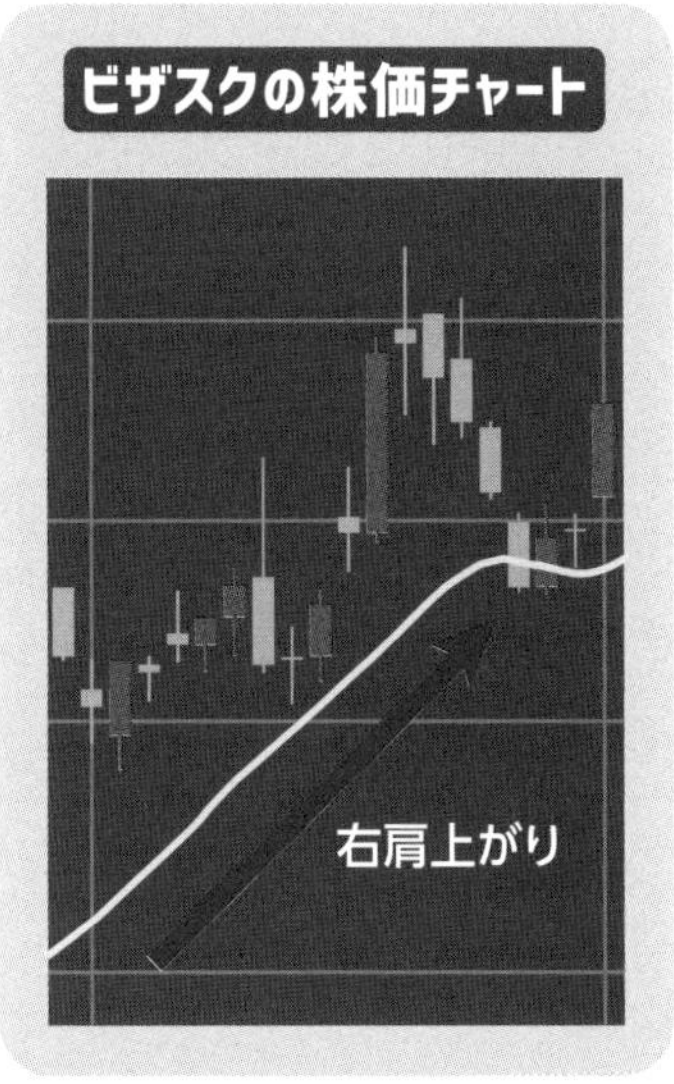

うんうん、いいですね。

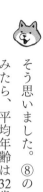

中途入社社員の方々のインタビューも掲載されていて、東京学芸大学、早稲田大学など有名大学出身の方が多く、大手企業の楽天で、全国営業トップを取った方もいました。そういった方々が、ビザスクのビジョンに共鳴して入社されている様子を見て、**非常に将来が有望な企業だと強く感じました。**

会社のＨＰだけでも、よく読むと様々な情報が読み取れますよね。

そう思いました。⑧の「社員の平均年齢が若い」も証券会社のアプリの四季報を見てみたら、平均年齢は32歳でした。銘柄探しの必須要件である①~④を満たしているのはもちろん、⑤から⑧もほぼ満たしているといっていい内容でした！

チェックリストはほとんどチェックできていますね。

1つ気になっていたのですが、実は私はド文系でして、数字が苦手でよく会社でも経

費精算すら計算間違いをして、怒られて再提出することが多いんです……。企業の業績の中身を分析するために、**財務諸表を読めるなど、数字に強くないと株をやるうえでは不利なのでしょうか？**

安心してください。読めるに越したことはないですが、読めたから株価の上昇を予測できるかというと、そうではないんですね。財務状況の良さが株価を押し上げるわけではありません。**私の実感としても、個人投資家では詳しく財務諸表を読める人のほうが少ない**と思います。ここ数年、売上と利益をきちんと上げられているか、求められるサービスを提供しているかに着目することのほうがはるかに重要です。

数字が苦手なので、それを聞いてほっとしました。

株の購入時に必ず覚えておきたい「板」

それでは早速、買ってみましょう！

えっ、今からですか！　そもそも株っていつでも売買できるんですか？

まず、日本の多くの株式を取り扱っている**東京証券取引所は、平日の9時から11時30分までと、12時30分から15時までの計5時間取引ができます。**

15時までしか取引できないんですね！　意外と短いですね……。でも11時30分から12時30分までのお昼休憩がないとランチもとれなくなっちゃいますもんね（笑）。

買ってみないとわからないことってたくさんありますよね。それではまず、証券会社のHPから、ビザスクの株の**「現物買」**のボタンを押してください。信用買というものもありますが、これは証券会社に借金をす

る形で株を購入するものなので、最初は現物買から始めましょう。

現物買を押して……。遠藤さん、価格のところに「指値」「成行」「逆指値」というのがありますが……。

成行というのは、「市場にある株を安い順番に今すぐ売ってほしい」という注文方法です。指値というのは、「この価格まで下がったら買う」というように、買いたい価格を指定して購入すること。逆指値はその逆で、「ここまで上がったら購入する」という注文です。株価は常に上がったり下がったりするものですし、**とりあえず買ってみるには、成行でいいと思います。**

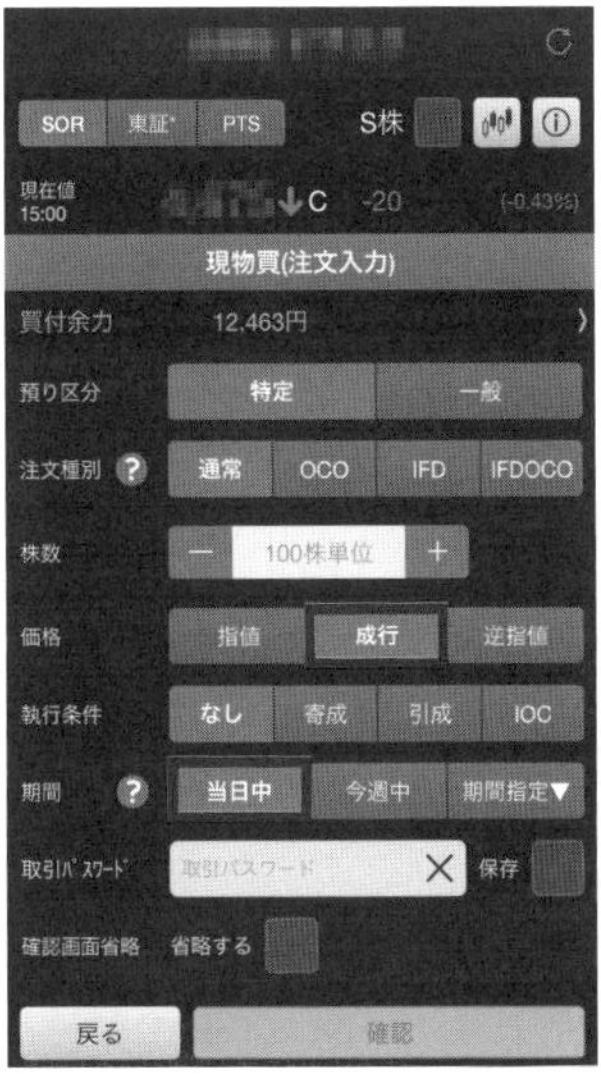

成行で、期間は「当日中」を選んで、預かり区分は源泉徴収を証券会社がしてくれる特定口座を作ったから、「特定預り」を選択する、と。ところで購入画面に表示され

ていて、刻々と変化する数字の羅列は何でしょう？

それは、**「板」**といいます。真ん中の「気配値」というところに書かれた数字が株価を示しています。左の「売気配株数」と書かれている部分の数字が、売りに出されている株の数です。例えば、下図の真ん中あたりで、気配値の数字が１９７７、売り気配株数２００となっているところがあります。その意味は、**株価１９７７円で２００株を売ろうとしている人がいる**ということになります。

株の売買状況は「板」で見る

売気配株数	気配値	買気配株数
⋮	⋮	
100	1979	
100	1978	
200	1977	
	1970	**900**
	1969	500
	1968	100
	⋮	⋮

なるほど、この左の売りに出ている株から、私は購入することになるんですね。

その通りです。もし、３００株の成行買いを今入れたら、１９７７円には２００株しか売りに出ていないので、残りを上の１９７８円のところから、１００株購入することになります。

よしっ、１００万円分だから、４００株にして購入を押す！　購入できました！　あっ、違う！　１００万円分だと５００株だ（このとき、１９８３円×４００株＝79万３２００円）。早くもう１００株を購入しないと……もう株価が上がってしまっている……カタカタ（緊張でマウスが震える音）。

犬飼さん、落ち着いて……。

は、はい。はあ～、何とか追加で買えました。やってみないと色々とわからないこと

だらけですね。

そうなんですよ。株のやり方が書いてある本もたくさんあるのですが、実際に自分でやってみるとできるかというと、また別の話で。実は私も最初のころは、買い注文と売り注文を間違えて、売るつもりが買ってしまったこともありました（笑）。何事も最初は失敗しながら経験ですよね。

遠藤さんにもそんな失敗が（笑）。ついに私も株を購入できました。購入したのは、**ビザスク（銘柄コード４４９０）。取得単価は１９８３円を５００株購入で、合計金額は99万１５００円**です。

株デビューおめでとうございます！

買ったあとの「値動きウォッチ」のコツは？

買ったあとは、値動きを見ましょう。**保有している銘柄に、急に上がったり下がったりといった大きな変化がないか。もちろん、決算発表もチェックしましょうね。**

わあ、また緊張します。

あ、わかっていると思いますが、ずっと画面に貼りつかなくても大丈夫ですからね。1日1回、ちょこっと見るだけで構いません。そこで急激な変化が見られたら、何かしらニュースがあったと考えられます。社長の交代とか、新商品のリリースとか。

悪いニュースだったら大変ですね。

ここで要注意なのが、外交とか政治とか、世の中で起こる悪いこと、例えば「増税」などでは、どこの銘柄も軒並み下がります。ビザスクも例外ではないでしょう。でもこれは世界的な事件でない限りは気にしなくて構いません。**事業内容に直接影響を及ぼさない限り、世の中で悪いニュースはネガティブ材料にはなりません。**こんなふう

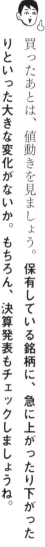

に、上がった原因、下がった原因を調べて、本当に気にするべきことなのかを判断しましょう。

株式ニュースや日経新聞など、詳しく読んだほうがいいのでしょうか。

いえ、**会社のHP、証券会社のHP、あとは「スマートニュース」のような、世の中の流れを全般的に伝えるニュースサイト**を見ていれば、今言ったような情報はきちんとつかめます。

あと、私にはまだまだ早すぎますが、株を持ちながらも、次に買う銘柄を随時チェックするんですよね？

そうですね。でも、日ごろなんとなく意識する程度で、月に1回くらい時間を取って、良さそうなものがないか探す感じです。

意外にゆったりなんですね。

そう、頭の中が株のことだけに占められる状態は良くないんです。**仕事に家庭にと日々の生活を送りながら、スキマ時間でできる**のが、この投資法のいいところなんです。

わかりました。緊張しすぎずにいきます！

今回の宿題として、購入した証券会社のアプリを早速スマホでダウンロードして、1日1回株価を見つつ、株価がどう動くかなど、確認してみてください。

わかりました！

次回は、どこまで下がったら売るべきか、売るのはどのタイミングが良いかなどをお伝えしていきますね。

編集者・犬飼が購入した株銘柄

ビザスク（銘柄コード 4490）

時価総額	約 **170 億**円
取得単価	**1,983** 円
購入株数	**500** 株
合計金額	**99 万 1,500** 円

購入時、2020年5月28日時点

ビザスクのビジネスモデル

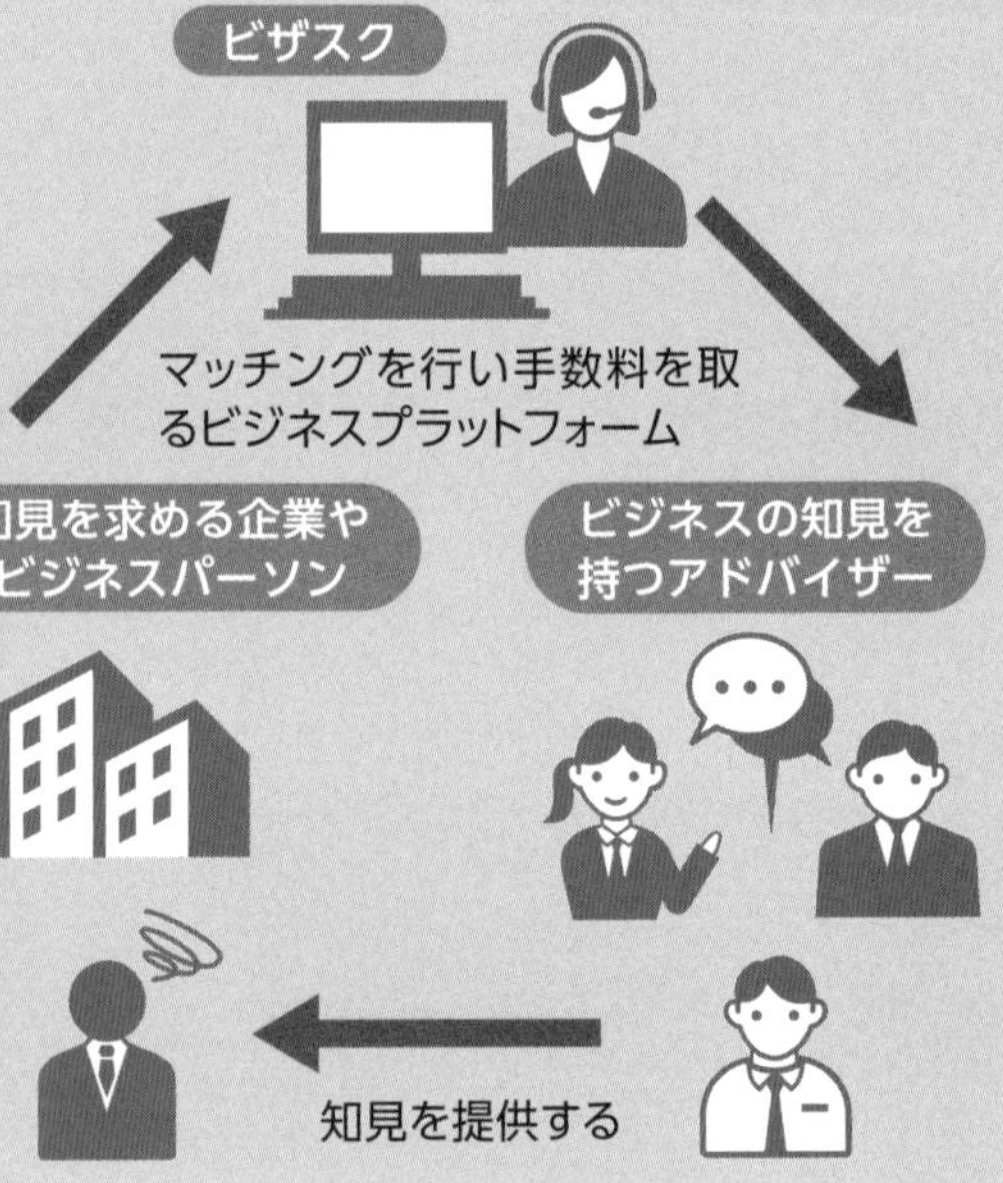

CHAPTER4のまとめ

❶ 自分が選んだ銘柄のプレゼンをしてみよう
❷ 板の数字の意味を理解しよう
❸ 失敗を恐れず売買してみよう

次回までの宿題

「証券会社のアプリで、1日1回、購入した銘柄の株価の動きを確認しよう」

犬飼の自習室 2

「アプリで1日1回、購入した銘柄の株価の動きを確認しよう」

証券会社のアプリをダウンロードして、すぐに株価を見られるようになったのはいいものの、やっぱり気になって、株取引開始の午前9時から見始めて、10時、11時と結局1時間おきに見てしまっている。1日1回どころか、1日10回は見てる気がする……。本業の仕事がおろそかになるようではいけない、集中しないと。

（約1週間後）だんだん慣れてきて、株価を確認する頻度は減ってきたな。でも100万円投資すると平気で1日数万円減ったり、増えたりするから、その度に感情が動かされるな～。今日2万円くらい減ってたけど、この2万円があったら、高級なコース料理がたらふく食べられたのに（涙）。遠藤さんには細かなチャートの動きは気にするなと言われたけど、そんなこと言われても気になるよ。

（約1カ月後）ヤバい！　ちょっと忙しくて1日1回のチェックを忘れて見ていなかったら、株価がマイナス30万円近くになってる！　うそっ、何で！　どうしよう、すごい不安だな～、遠藤さんに売っていいか相談しようかな。でも売ったら、一瞬でこの企画終わっちゃうし。このままどんどん下がっていったらどうしよう。あ～どうしよう。怖いけどとりあえずそのままにしておくか……。

CHAPTER

5

まさかの大暴落か⁉
売り時は会社の未来で予測する

投資先企業が決算発表で「大幅な減益」だったら

さて、前回までのおさらいですが、犬飼さんが遂に株を購入し、今後1日1回値動きをスマホで確認するということで……。

ドタドタドタ……（遠くから何かが走ってくる音）。

ん？

遠藤さーん、事件です！　大事件です!!

一体どうしたんですか、犬飼さん。今、読者の方に向けて前回の振り返りを……。

悠長に前回の振り返りをしている場合じゃないですよ！　それより**早く株を売ってし**

まわないと大暴落の危機なんです！

前回やっと購入したばかりじゃないですか、わかるように一から説明してください。

はい。宿題通り、1日1回、スマホに入れた証券会社のアプリで株価の値動きを確認（時々忘れていた）。「あっ、上がった」「あっ、下がった」と株の値動きに一喜一憂する日々を過ごしました！

始めたばかりのころは皆そんなものですよ（笑）。

ところがです！　今日の取引終了後、購入したビザスクの決算発表を見たんですよ。なんと2021年2月期（20年3月1日～21年2月28日）の連結業績予想で、本業の儲けを示す営業利益が5500万円。**対前期比でマイナス23・1%！**　ここまで利益が減るなんて、業績が悪い証拠じゃないですか……。それにこれを見てください（スマホを見せながら）。

株の情報掲示板ですか。どれどれ……

明日になれば、決算を見た人が皆で売りに走って、株価が大暴落して大損決定です。まだ私には株なんて早かったんだ……ううっ（泣）。

2：株大王：2020/7月14日18:12
大幅減益か、これはヤバい

3：ゴンちゃん：2020/7月14日18:45
先に売った俺に死角はない（キリッ）

4：さすらいの予想師：2020/7月14日19:20
これは1700円台まで下がるな

5：ぷ〜太郎：2020/7月14日19:59
あちゃあ〜、持ってる人ご愁傷様ｗ

6：ラーメン大好き：2020/7月14日20:23
やばいよやばいよー

拡大のうまい成長企業ほど「利益を残さずに使う」

私も決算を見ました。でもこれは全く悲観する内容ではないですよ。

えっ、こんなに利益が減っているのに？

犬飼さん、ビザスクのビジネスモデルを覚えていますか？

はい。**ビジネスの知見を持つ人と求める人をマッチングして手数料を得る、ビジネス知見のプラットフォーム**ですよね。

その通りです。その**ビジネスモデルを踏まえると、一番注目すべきは発表された決算書の「取扱高」**。取扱高は、ビザスクが知見プラットフォーム事業で顧客から得た対価です。前々期約10億円、前期約16億円、今期予想約22・5億円と右肩上がりに伸びています。取扱高が増えているということは、それだけ多くのマッチングを達成したり、単価の高い案件が増加したということですよね。

そうですね。ビザスクのビジネスモデルは変わっていないので、取扱高が増えれば、

比例して利益も上がるはず……。でもなんで、今回の業績予想では利益が下がってるんですか？

ポイントはその利益を何に使っているかです。決算資料の中身をもう少し詳しく見てみましょう。「損益面においては、人材の採用、マーケティング施策、シンガポール子会社の投資等を積極的に行うことにより、営業利益は55百万円と見込んでおり」（ビザスクの決算短信より抜粋して引用）。このように書かれています。

あっ、**利益を投資に使っている！**

ビザスクの第1四半期決算短信、業績予想（2020年7月14日発表）

（単位：百万円）	前期	今期業績予想値（2020年3月～2021年2月）	増減率
取扱高	1,568	2,250	**+43.4%**
営業利益	71	55	**△23.1%**

取扱高は大きく増加し、営業利益は減少する予想。しかし、決算書の中身を見ると、人材の採用、マーケティング施策、シンガポール子会社への投資など、未来への投資を積極的に行っていることがわかる

そうです。このビジネスモデルで、取扱高が上がっているのなら、利益も前期以上に計上できるはず。でも、ビザスクは人材採用や広告・宣伝といったマーケティング施策などに使った。**「目先の利益」を出すよりも、シェアを伸ばす「未来の利益」に投資した**のです。だから、このお金の使い方はむしろ評価すべき好材料だと言えますね。

「ビジネスモデル」によって業績の見方は変わる

利益の少なさは将来を見すえての投資だったとは。

このビザスクと同じ経営スタイルの代表格がアメリカ企業のAmazonです。これまで、Amazonは売上を右肩上がりで伸ばして、その多くを設備の充実などに投資。そのため利益は長い間微々たるものでした。シェアを伸ばすために、利益を未来に投資してきたのです。こういった経営方針は、伸びしろがあり、成長段階にある企業に多く見られます。

それを知らずに企業の目先の利益だけを見ていたら、今回の私のように焦って判断を誤るわけですね。

これからは**「なぜ、利益が減ったのか？」「事業は順調に伸びているか？」を意識して、判断するようにしましょう。**

わかりました！　危うく損切りして、即終了となるところでした（汗）。

ただ、この売上高が上がり、利益が下がるという業績は、ビジネスモデルが異なる成熟した大手飲食チェーンなどであれば、状況が違います。例えば牛丼屋さんならどうでしょう？

ええっと、**売上が上がり、利益が下がる場合は、出店数を増やしてお客さんは多くなったけれど、店舗の維持費が高くて不採算店が増加したとか。あとは単純に商品の安**

売りを始めたとか。

正解です。いずれの場合も、何か手を打たないと、経営状況は良くありません。このように同じ業績でもビジネスモデルを正確に把握したうえでの予測が大切です。

購入銘柄の含み益が約35％の大幅UPを達成

【決算発表翌日】

あぁ、株価がかなり下がってる。やっぱり同じように利益の減少を不安に思う人が多かったのかなあ。このまま持ち続けて大丈夫だろうか……。

【約2週間後】

遠藤さん、やりました！　決算発表の翌日、株価が最初はいったんぐんぐんと下がったのですが、その日のうちにぐんぐん上がりました。今日（2020年7月28日）の終値で2679円、約35％UP、35万円増です！

よかったですね。一時的に株価が下がったのは、おそらく利益が下がったのを見て、本質がよくわかっていない個人投資家が売ったのでしょう。そのあとに、取扱高は伸びているし、ビジネスが順調だと気づいている人が買った。そして株価が上がっているのを見て、さらに買った人が増えたのでしょう。

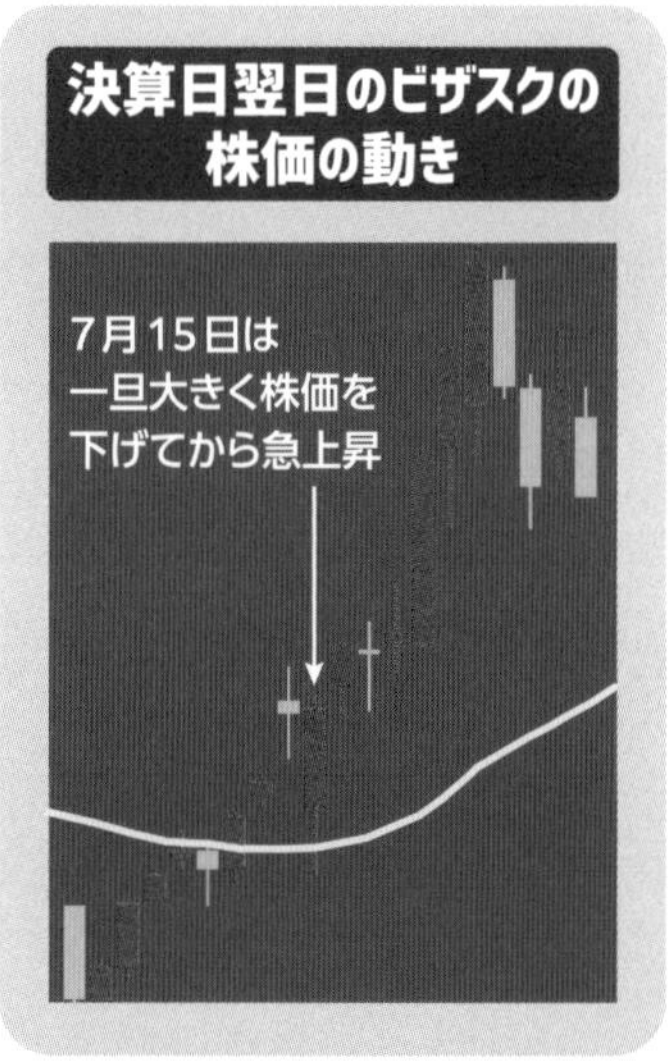
決算日翌日のビザスクの株価の動き
7月15日は
一旦大きく株価を
下げてから急上昇

あのとき慌てて売らずに遠藤さんの教えに従って正解でした（笑）。はぁ〜、よかった！　さて、無事に利益も出たことですし、売却してちょっとおいしいものでも食べてきますね。

（この間まではビビッて売ろうとしてたのに、忙しい人だなぁ……）

えっ、遠藤さん何か言いました？

おっと心の声が。じゃなくて、犬飼さん！　まだ自分にご褒美をあげるのは早いです！

へっ？　利益が出たらゴールじゃないんですか？

今売りたいのは、上がった35％分の利益をすぐに手にしたいからですよね。では、**今売ることで犬飼さんは損をしてしまうとしたらどうします？**

損をしない「株の売りタイミング」とは⁉

損？　いやいや何を言ってるんですか遠藤さん。今35万円も含み益があるんですよ。

確かに「今」だけ見たらそうですが、**売るタイミング、「出口戦略」**のお話です。

出口戦略？

まず、おさらいですが、犬飼さんはビザスクの株をどのような理由で購入しました？

①「小型株1銘柄投資」の銘柄選びの条件に沿って絞り込み、②編集者としての実体験から、自分も使いたい魅力的なサービスだったから、③時代の流れを見て、今後オンラインでの情報交換の機会が増えそうだから、遠藤さんに教えてもらった銘柄選びの必須条件に合わせて考えた、この3つが理由です。

それでは、今のビザスクの時価総額とサービスの普及レベルを見て、**投資を始めたときにイメージしていた理想の未来をすでに実現できていますか？**

うーん、取扱高も伸びているし、ビジネス業界でももっと認知度が上がってもいいサービスで、伸びしろはまだあるのではないかと何となく感じます。

それなら、もう少し長い目でビザスクの目指す未来を応援して、保有し続けてもいいと思います。今売れば35万円が手に入ります。でも仮に、ビザスクの時価総額が今後10倍に上がると、利益は900万円になります。すると犬飼さんは差額の865万円をもらえる機会を損失したことになりますよね。

なるほど！　だから今売ると損をしてしまう可能性があるんですね！

今、「売り」ボタンを押したら、まとまったお金が手に入るので押したくなる気持ちは痛いほどわかりますよ（笑）。でも、**買った理由は、会社が描く未来に対しての投資。そう考えると基本的に売り時は、会社がその未来を実現したとき、もしくは実現できないと思ったとき。少なくとも目先の含み益は、売る理由になりません。**

すみません、お金に目が眩《くら》んで。でも投資した会社がどのくらいまで成長するかは、どう判断すればいいんですか？

それが今回の宿題です。ビザスクの時価総額がどのくらいまで伸びそうか予測して、その理由も考えましょう。方法は、**競合他社や似たビジネスモデルを持つ他企業との時価総額や売上高の比較が良い**でしょう。これができれば、売るタイミングが明確にイメージできるようになります。

わかりました。今回も難しそうですが、やってみます！

株式投資の出口戦略

投資をしている企業の未来の姿のモデルとなる企業を見つける。売上や市場規模などから、その企業と比べてどのくらいまで成長する可能性があるかを予測。随時、決算などで成長度合いを確認しながら、売るタイミングを考える

CHAPTER5のまとめ

❶ 業績の要因を分析してみよう
❷ 会社のビジネスモデルを再確認しよう
❸ 売り時を自分で予測してみよう

次回までの宿題

「選んだ株の時価総額がどのくらいまで伸びそうか予測して、その理由も考えよう」

「選んだ株の時価総額がどのくらいまで伸びそうか予測して、その理由も考えよう」

ビザスクの競合他社、似たビジネスモデルの会社をどう探せばいいのか。とりあえず、困ったときはネットだな。「ビザスク　競合他社」「プラットフォームビジネス」で調べよう。(2、3時間後)、全然似たビジネスと思われるものが見つからない……。

いや、そもそもオリジナルなビジネスモデルだから、今後伸びると思って選んだ銘柄じゃないか。だから似た事業なんて見つからないのは当然なんじゃないか(怒)。2、3時間調べたけど、難しくて全然わからない。ここは探す範囲を広げて、仕事を依頼する人と、それを受けてくれる人をマッチングさせるプラットフォームビジネスといえる事業を展開している会社を探そう。

そういえば、過去のうちの雑誌記事で、「副業」特集をしたときに、他の社員が取材させてもらっていた会社があったな、どれどれ。(過去の雑誌のバックナンバーを見ながら) これこれ、「ランサーズ」と「クラウドワークス」だ。この2社はビザスクと事業が似ている気がする。時価総額は……、あれっ今のビザスクと同じくらいだ！　そしたら、この時価総額がビザスクの限界？　売り時？今回の宿題はまだ私には難しすぎる。遠藤さんに聞いてみよ。

CHAPTER

6

経験と蓄積で「未来予測力」を高めよう！

初心者に立ちはだかる企業成長予測の壁

さーて、今回も始めましょうか。犬飼さんはちゃんと宿題できたのかな。（遠くから声が聞こえる）

うーん、難しい、難しいなぁ……。

おっ、ちょっと苦戦していますね。

ちょっとじゃなくて、かなり苦戦しています。前回の宿題を考えてたんです。売るタイミングである出口戦略の検討に必要な「ビザスクの時価総額が、今後どのくらいまで伸びるのか」についてです。この宿題がこれまでで一番難しかったです。

どういったところに苦戦していたんですか？

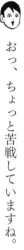

基準になるような会社が、なかなか見つからなくて。それでも自分なりに考えたのが、「ランサーズ」「クラウドワークス」という企業です。**クラウドソーシングと呼ばれるサービスで、どちらも個人対個人、個人対法人で、仕事を依頼し、請け負う人を探すマッチングサービス**です。マッチングが成立すれば、事業者が手数料を得る仕組みです。

ふむふむ、なるほど。

両社とも時価総額は約２００億円で、ビザスクの約２４６億円（２０２０年９月７日現在）と大差がないんです。だから、どのくらい時価総額が伸びるかの指標になりづらく……。どうすればよいかお手上げ状態です。

なるほどですね。私の見たところ、ランサーズ、クラウドワークスは、ビザスクと事業内容やユーザー層がちょっと違うのではないかと思うんですよ。犬飼さんは違いが

わかりますか？

「スキル」と「経験」売るもので変わるユーザー層

う〜ん、ビザスクはよりコンサルタント的な仕事であるといったことでしょうか？

実際に仕事の中身をHPなどで見てみましょう。ランサーズ、クラウドワークスの仕事依頼はウェブサイト作成やデザイン、文字単位の翻訳といった、成果物が形になって見える仕事の依頼が多いですよね。また、時間単価が比較的安い仕事が多く、**その人が持つ「スキル」を売っているという印象**です。

言われてみれば！

一方でビザスクは、**募集している人の「経験」に重点を置いているサービス**です。その人しか持たないこれまでの経験を売りにした短時間のスポットコンサルで、**仕事の**

内容も専門性が高いです。

確かにそうです！　一度、ビザスクのサービスに会員登録して、どんな仕事の募集ができるか調べてみたことがあります。そしたら「大手○○企業の○○業務に携《たずさ》わった経験のある方」といったような細かな募集までできました。報酬は数千円から設定できるのですが、実際に多かったのは1時間で2万〜3万円くらいとクラウドワークスよりも高単価でした。

クラウドワークスは低単価で、量をこなしていく感じ。一方でビザスクは時間単価が高く、**集まっているユーザー層もおそらく違うはず**です。

なるほど。そうやって見ると、使われ方も違えばユーザー層も違いますね。私は何を見ていたのだろう……（トホホ）。そうするとどんな企業をビザスクの今後の姿として参考にすればよいのでしょう？

未来の姿のモデルとなる企業を探そう

例えば、**「弁護士ドットコム」**などは参考になりそうです。弁護士ドットコムは、月額約３００円（税抜）を支払い有料会員に登録すると、**サイトに法律の相談内容を書き込むことができたり、他の人がした過去の法律相談を閲覧できるプラットフォーム**。相談への回答から本格的な法律相談の受注につながることもあり、相談を受ける側の弁護士も多く登録しています。有料登録弁護士にはマーケティング支援なども行っています。

相談したいユーザーと相談を受ける弁護士を間接的にマッチングするサービスですね。有料登録者が増えるほど、会員費が入ってくる仕組みか。

確かに、ビザスクはマッチングの成果報酬で、弁護士ドットコムはマッチングするための有料会員費という形態の違いはあります。しかし、専門的な知見を得たい人と専

門的な知見を持つ人をマッチングさせることや、登録者数が増えれば売上も上がるというプラットフォームビジネスは同じですよね。

ちなみに弁護士ドットコムの時価総額は……約2200億円（2020年9月7日現在）！　今のビザスクの時価総額は約246億円だから、約9倍まで伸びる可能性があるとも考えられるんですね。

弁護士ドットコムは他の事業も展開しているので、完全なモデルにはならないですが、ビザスクだって他に事業を広げていく可能性はあるわけで、成長の参考にはなると思いますよ。ただ、ユーザー層やサービスに類似点があるから、なんとなく同じ時価総額の2200億円まで伸びるだろうというのは、ただの「勘」です。もう少し、自分でも納得できる理由を見つけてみましょう。

承知しました！

数字を根拠に説明するクセをつける

【数日後】

う～ん、難しい……。

またまた苦戦してますね（笑）。

自分なりに考えてみたんですが、ビザスクも弁護士ドットコムも、独自の「経験、知識」を持った人に相談したいという人が増えるほど売上は上がる。そう考えるとどれだけ事業が伸びていくかは、**残りの市場がどれくらいあるかに影響されるのではないかと。**

はいはい。

そこで弁護士業とビジネスコンサル業の全体の市場規模を調べてみました。企業の調査などを参考にすると、弁護士業の市場規模は約1兆円、ビジネスコンサルの市場規模は約1800~3000億円であると言われています。ビジネスコンサルに3000億円の市場規模があるとすると、弁護士業の3分の1の規模です。

業界全体の市場規模を考えたわけですね。

すると現時点でも弁護士ドットコムとビザスクの時価総額の差は3分の1くらいであってもおかしくないと思うのです。つまり、約2200億円の3分の1＝約700億円、**今の3倍くらいまでは規模感が伸びるのではないかと予測しました！**

「市場そのものが拡大しているかどうか」という視点も加えるとより精度が高まる気がしますね。もっと細かい数字的な説得力が欲しいところですが、考え方としてはそういった絞り方です。

それでは正解は⁉

正解は……ないんですよ。

（がくっ）

どこまで時価総額が伸びるかは、あくまで結果論です。様々な数字を調べて、例えば弁護士ドットコムの半分、1000億円に到達すれば上々という結論も1つです。また、海外市場にも進出しているから、2000億円なんて楽々超えて、将来は4000億円までいくという結論もあるでしょう。**現時点で明確な答えはなくても、できるだけロジカルに調べて、成長の最大値はどこかを自分なりの説得力を持って考える。**それを積み重ねることが大切です。

色々な情報を調べて、自分なりの出口戦略を考えることが経験と蓄積になるんですね。

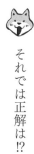

そうです。そういった蓄積により、例えば外食産業の銘柄なら、このくらいの時価総額が上限かな、と予測もできるようになります。そうなれば、どこまでその銘柄を持っておくべきかの指針になりますよね。

考えて、経験を重ねて活かす。これは仕事と一緒ですね。

株式投資は「経験と蓄積」でレベルUPする

さて、将来の伸びを見据えるうえで、現在の投資実績の途中経過を発表したいと思います。2020年5月28日、株価1983円のときに500株購入し、買付金額は約100万円。時価総額は約170億円でした。

購入したころが懐かしいですね。

そして、現在（2020年9月15日終値）、株価は3225円、時価総額約275億円。評価額は約162万円で、**評価損益は＋約62万円、＋62％まで伸びました！**

約3カ月半で＋約62％も伸びるとは、素晴らしい！　**この割合で増やせれば、理論値ですが1年5カ月後には、1000万円を超えますね（笑）**。でも、お金が増えた以上に、犬飼さん自身、小型株1銘柄投資をやってみて、気づきも多かったのでは？

やはりこの学びを通して、最も感じているのが、遠藤さんの「小型株1銘柄投資」の手法がとてもロジカルでわかりやすいことです。株はギャンブルだと思っていた私にとって、銘柄の選び方から、最後の出口戦略に至るまで、**「なぜ、その選択をするのか」という根拠を明確にしていく過程が、とても勉強になりました。**

自分なりにでも根拠を考えて投資をすると、再現性が生まれるので、別の銘柄を購入するときにも、きっと役立つはずですよ。

それから、今回株をやったことによって、最初に教えてくださった「俯瞰力」＝「世

の中の流れをつかむ力」を意識するようになりました。購入した会社の今後を考えながら、翻《ひるがえ》って自分が勤めている会社は業界のどういう立ち位置で成長性はあるのかと考えたり。ニュースで企業が新事業を始めるのを観て、その事業を始めた意図を考えてみたり。日々の仕事でしか接点がなかった「ビジネス」というものに対して大きく視野が広がった気がします。

ビジネスパーソンとしても大きくレベルが上がったかもしれませんね。

編集者・犬飼運用成績の途中経過

購入時

購入日	5月28日
時価総額	**約170億**円
株価	**1,983**円
購入金額	**約100万**円

→ **2020年9月15日時点**

	9月15日時点
時価総額	**約275億**円
株価	**3,225**円
評価額	**162万**円
評価損益	**62万**円
評価損益率	**+62**%

+62%増　+62万円

3カ月半で

CHAPTER6のまとめ

❶ 未来のモデルとなる企業を見つけよう

❷ 数字を根拠に成長のMAXを推測しよう

❸ 株式投資は経験と蓄積で精度が高まる

次回までの宿題

「買った株をいつ売るかを想定してみよう」

CHAPTER

7

出口戦略の精度を上げる秘密の「ものさし」

「出口戦略の分析精度」はまだまだ高まる

遠藤さん、ご無沙汰してます〜！

しばらくぶりですね！　その後どうですか。なんだか満面の笑顔ですが。

いやぁ、嬉しいです（にやにや）。先日、10月にビザスク第2四半期の決算発表がありまして、業績好調です。前年の取扱高が約15億円だったのですが、今年は第2四半期累計ですでに約11億円まで来ていて、通期で当初の業績予想通り、約23億円までいきそうです。営業利益も、第2四半期だけで5200万円くらい出ており、これは下期に広告宣伝費や採用活動に積極的に投資をしていくようです。

本当に好調ですね。現在、株価は？

先週末（2020年11月6日）の終値が4545円。**現段階で約130%プラス**になってます。

おお、2倍以上に増えましたか！　本当によかった。前回の決算のとき、売ろうとしていたのが嘘みたいですね（笑）。

あ〜それを言わないでください。お恥ずかしい（照）。

いいんですよ。不安になって売りたくなるのは誰もが通る道です。犬飼さん、「保有効果」って覚えてます？

ビザスクの第2四半期決算短信の業績予想
（2020年10月15日発表）

（単位：百万円）	2021年2月期上期累計（2020年3月〜8月）	前年同期（2019年3月〜8月）	増減率	通期業績予想	進捗率
取扱高	1,091	702	+55.5%	2,250	48.5%
営業利益	59	24	+142.4%	55	108.9%

第1四半期＋第2四半期（2020年3月-8月）の上期累計で、コロナ禍の中でも取扱高は大きく増加。通期業績予想の約半分まで達成をしており、順調に業績が伸びていることがわかる。大きく増えた利益は、下期に広告宣伝費、積極的な採用に投資をしていくと発表している

あっ、最初の授業で……そうそう！　今現在持っているお金は、これから得られるかもしれないお金の2倍以上、素晴らしく見えてしまうんでした。

そうです。そのせいでつい、冷静な判断ができなくなる。そういう心理について知っておくのも、株の知識の1つといっていいでしょうね。

はい、心得ておきます！　さて今回は、**最後の最後にもう一度、出口戦略についてさらに詳しく教えてほしいんです。**

ほうほう。前回の詳細版？

前回は弁護士ドットコムをモデルケースにして、市場規模の比較から、そのときの弁護士ドットコムの時価総額である2200億円の3分の1の700億円くらいまでは時価総額が伸びそう、という予想を立てました。

そうでしたね。

あのとき、考え方としてはだいたいOK、ということでしたが、まだまだ精度は高まるよ、っていうニュアンスでしたよね？「正解はない」という話ではありましたが、もっと別のものさしがあるなら、お聞きしたくて。

わかりました。では、より詳しく参りましょう！

損切の目安はマイナス20％を基本に

まず、大前提からお話しします。犬飼さんがビザスク株を買ったときの株価は1983円、約2000円ですね。この時点で、**「どこまで減ったら手放すか」を決めておくといい**です。例えば、1600円とした場合……。

マイナス20％ですか。今の好調からは想像つかない……あ、いや、一時は1690円くらいまで下がったんでした。

そうです。損切りにはいくつかの判断基準があって、あとでお話ししますけど、そのうちの1つが**「直近の最安値を超えたら」**。でも、1690円をタッチしてまた戻ることもあるので、**私なら幅を持たせて1600円を指標にしますね。**

はい、心得ました。

これは言い換えると、マイナス20％のリスクを取ったということ。それなら上も20％……ではないことはもう、おわかりでしょう。**上は最低でも＋50％以上のリターンは欲しい。最低1・5倍、できれば2倍、3倍を狙う。その見込みがない会社なら、そもそも買わないこと**です。

小型株1銘柄投資の基本姿勢ですね！

売り時は「時価総額」+「時間軸」で考える

次は、今の犬飼さんのケース、上昇中の売り時。これは前回お話ししたように、時価総額の伸び予測を、競合他社や似たビジネスモデルを持つ他企業から類推する作業が必須です。

私のざっくり予想に、さらにアドバイスをください！

弁護士業とビジネスコンサル業の市場規模の比較から、弁護士ドットコムの時価総額の約3分の1の700〜800億円、という考え方はロジカルでとてもいいと思います。もう1つ、**「時間軸」**という概念をプラスすると、さらによくなります。

時間軸？

成長にかかった期間です。弁護士ドットコムが、今のビザスクの時価総額約400億円だったときから、700億円に成長するのに何カ月、または何年かかったのか。時価総額と株価は連動するので、チャートで株価の推移を見て、確認すればわかります。

おお、よりリアルに比較できますね。考えてもみなかった……。2020年11月9日時点で、弁護士ドットコムの時価総額は約3250億円、株価は14590円だから、今のビザスクと同じ時価総額約400億円のときは、計算でおおまかに考えると、400÷3250×14590＝約1800で、株価は約1800円あたりのときだったのだと思います。

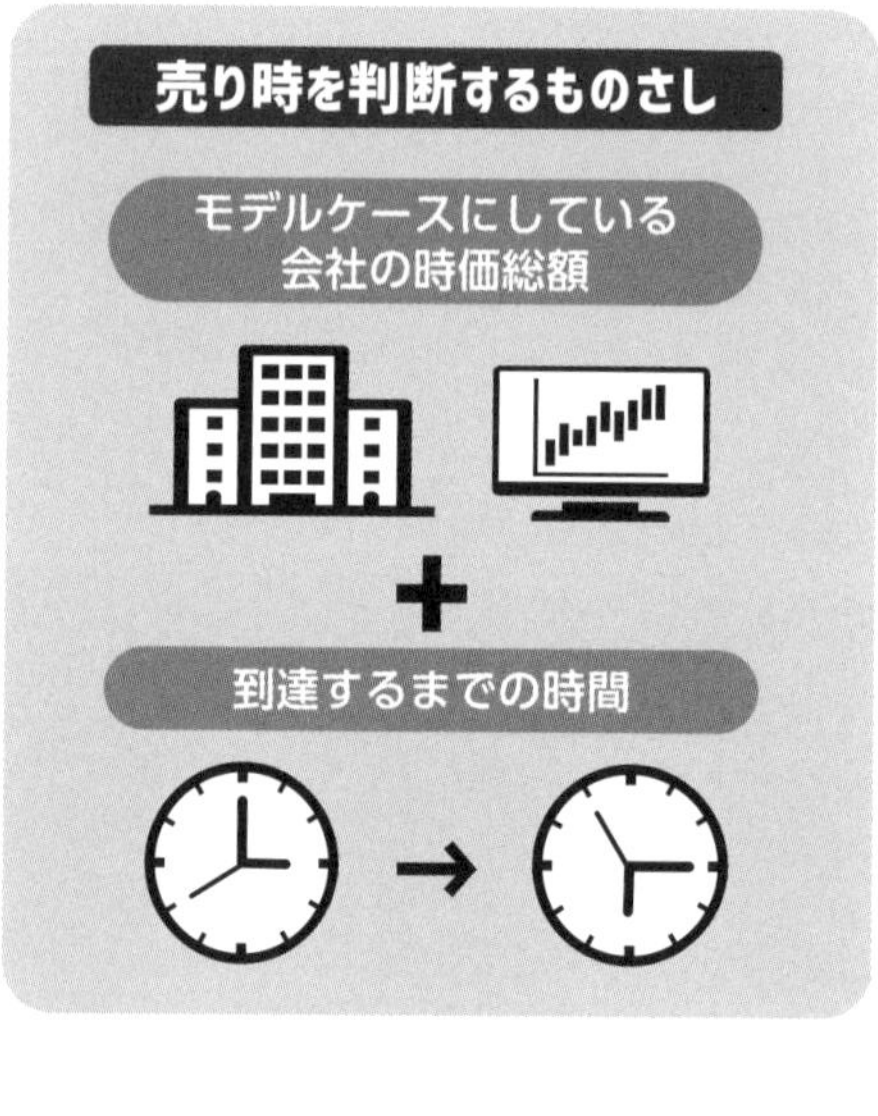

そうですね。続いて弁護士ドットコムが時価総額約７００億円だったときの株価はどれくらいだったでしょう。

小学校高学年以来の算数の授業だ（笑）。時価総額約７００億円だったときは、７００÷３２５０×１４５９０＝約３１４０で、株価は約３１４０円だったことが予想されます。

ネットなどに掲載されている株価推移をたどってみると、約４００億円から７００億円くらいまでにどのくらいの期間があったでしょう。

ネットで個別の株価推移を見てみると、弁護士ドットコムは、２０１８年の２月初旬に１８００円を超えています。そして、２０１８年の7月中旬ごろに約３１４０円を超えています。ということは、**だいたい半年くらいで、時価総額約４００億円から７００億円に到達**しています。

これでさらに、ビザスクの成長を予測するものさしが増えましたね。さらに、伸び率予測については単純に、「売上推移」の曲線を伸ばす、という方法も。今、ビザスクは1年で売上が約1・5倍ずつ増加して、成長しています。それを単純に計算すると、2年で2・25倍。そうすると、**時価総額が400億円から700億円へと1・75倍になるまでの時間は、1年以上、2年未満くらい**かな？　と、だいたいのイメージが湧きますね。

成長予測グラフのようなイメージを持っておくんですね。書いてもいいかも。

そうですね。弁護士ドットコムとの「比較表」も作るといいですよ。比較項目は、ビジネスモデル、時価総額、売上げ規模。そして「弁護士ドットコムは主に士業に特化しているのに対して、ビザスクは士業に限らず、もっと幅広いマッチングをしている」といった備考欄もあるとよいでしょう。

パッと一覧できて把握しやすいですね。

それからもう1つ、**購入時の時価総額もポイント**です。ビザスクは約170億円でしたね？ では、弁護士ドットコムが時価総額170億円だったころは？ 当時の売上規模、利益、伸び率を比べると、さらに色々わかります。

色々調べて、ちょっと作ってみましたが、わかりやすく成長速度が比較できますね。複数のものさしがあって、これは精度が上がりそう！ この表を元に考えると、今のビザスクと時価総額約400億円時の弁護士ドットコムはかなり近い成長速度であることがわかります。さらに先ほど見たビザスクの年間売上高の成長率も合わせると、はっきりとはわかりませんが、**だいたいあと1年〜1年半くらいでビザスクは時価総額約700億円に達すると予測して、あと1年は持ち続けたいと思います。**

うまくその通りになるといいですね。

VS ビザスク 比較表（2020年11月9日時点）

弁護士ドットコム

ビジネスモデル

法律相談をしたいユーザーと弁護士を結びつけるプラットフォームビジネス。法律相談をしたいユーザーは、有料登録という形で弁護士ドットコムにお金を支払う。弁護士は無料登録でき、ユーザーからの法律相談にサイト上で答える。それを機会にユーザーから実際に弁護士業務を依頼されることもある。有料会員数が増えれば増えるほど、弁護士ドットコムは儲かる仕組み。

時価総額	**170億**円（2016/4）	
		約**1**年**10**カ月
	400億円（2018/2）	
		約**6**カ月
	700億円（2018/7）	
	3250億円（2020/11）	
売上高：	2021年通期予想約**52億**円	

備考：知見を提供するのは有資格者の弁護士限定

弁護士業全体の市場規模
約1兆円（推定）

弁護士ドットコム

ビザスク

ビジネスモデル

ビジネスに知見を持つアドバイザーと課題を抱えるユーザーを結びつけるプラットフォームビジネス。マッチング毎にユーザーは手数料をビザスクに支払う。マッチング数が増えれば増えるほど、ビザスクは儲かる仕組み。

時価総額	**170億**円（2020/5）	↓ **約6カ月**
	400億円（2020/11）	
犬飼予想	**700億**円　（2021/12）？	

取扱高：　2021年通期予想約**23億**円

備考：様々な業種の知見を持った人が知見提供者として登録

ビジネスコンサル業全体の市場規模
約1800億円～3000億円（推定）

「売上げ上昇曲線」と「認知度」をチェック

では、あとは時価総額700億円に達するまで待つ感じですか？

いえ、予測した時価総額の8割くらいに達したら、そろそろスタンバイ。ここからは、**まだ伸びるか、それとも頭打ちかを観察する時期に入ります。先ほどの「成長予測グラフ」のイメージよりも伸びが鈍化してきたら、それが売り時**です。

売上の伸びが鈍化したら、ですか？　株価ではなく。

そう、**見るのは株価ではなく業績**です。伸び率は同じペースか、鈍化しているならその理由は何か。一時的な理由なら待つけれど、もう普及しきったせいなら……。

これ以上顧客数が伸びないから、成長期は終わりだと。

その通りです。似た指標としてもう1つ、認知度も意識しましょう。**ビザスクという会社がどれだけ「知られてしまった」か**。これも顧客開拓期が終わった兆候です。

認知度って、どうやって測るんですか？

周りの人に、知っているかどうかを聞いてみるのが一番ですね。ちなみに認知度の視点は、買い時とも大いに関係あり。ＣＭを流し始めて数カ月くらいの企業は買い時です。ライザップはその典型。ＣＭのインパクトが強くて「これは来る」と思いました。

購入されたんですね。では、今は？

認知度が上がりきったと判断したタイミングで売りました。目安としては、「ライザップする」のような流行語的な言葉の使われ方、ツイッターでの言及の増加、あと高校生や子供までライザップ云々、と言いだしたとき。

ライザップはそうなりましたね。

その時期になると、上がっているものに飛びつく「波乗りトレーダー」だらけになるので、彼らが買ってくれるうちに利益を確定してしまうのが吉です（笑）。

「想定外」のシナリオを作っておこう

これだけ判断基準があれば、もう安心ですね。

いや、まだまだです。ここまでの話は「ごく普通の推移」だった場合。実際は「想定外」はいくらでも起こります。ですから**「こうなったらどうする？」を作っておきましょう。**通常のシナリオ、ポジティブシナリオ、ネガティブシナリオがあれば万全です。

通常とネガティブはわかるんですが、ポジティブって？

例えば、予想より短期間で急騰した場合。明日、ビザスクがどこかと提携したというニュースが流れ、連日ストップ高、時価総額700億円になったらどうします？

もう目標を達成したから、「売る」かな……。

ですよね。じゃ、もし目標を800億円に置いていたとしたら、どうします？

まだ達成してないから、売らない……？

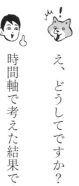

私なら売ります。

え、どうしてですか？

時間軸で考えた結果です。目標800億円、到達までの期間は2年弱、と予測してい

たら一瞬で700億円まできた。それなら、**2年で800億円よりも1週間で700億円のほうが、時間当たりの投資効率がはるかにいい**ですよね。なら、残りの100億円を2年弱かけて待つより、その資金を、もっと他の成長しそうな銘柄に持っていきます。

なんて合理的なんだ！

加えて、**忘れちゃいけないのは進捗状況**。もしこれが、時価総額100億円のタイミングで、目標1000億円＝10倍を目指していたところに「急騰で2倍になった」という程度なら、私は売りません。目標の20％しか達成していないからです。この場合は、多少急騰しても売らずに放っておきます。

急落時は「一時的」かどうかがポイント

逆に、急落したらどうでしょう。例えば、私がコロナ前にビザスクの株を買っていた

として、半値以下に落ちた！　という場合。想定のマイナス20%を大きく下回ったから、売りですか？

売りたいでしょうが、**急落時には下がった原因を冷静に見ましょう**。コロナ禍で不安に駆られた人たちが売りに走っただけなのか、コロナ禍が業績にまで打撃を及ぼした結果なのか。前者なら一時的なものであり、すぐ戻りますから無視してOKです。

ビザスクのビジネスは、コロナでも業績に影響しなさそうですね。

そうですね。マッチングビジネスでも、対面方式なら打撃はあるでしょうが、オンラインならむしろ追い風です。

冷静さ、必要ですねー。私ならつい慌てて売っちゃいそうです。

そうなんですよ。最近の例でいうと、「アメリカ大統領選」。開票前の、見通しがつか

ないころは株価が全銘柄、ビザスクも含めて下がりました。でも、アメリカの大統領がトランプになろうがバイデンになろうが、ビザスクのビジネスには無関係ですよね。だからこれも一時的と見ていい。

納得です。では、業績に打撃がありそうなときというのは、例えばどのような？

前述の、**売上の鈍化や下降。あとは粉飾決算とか、社長の逮捕とか。**

怖いな～。即刻売りですね。そんなことになりませんように！

事前に想定しておけば「想定外」はない

お話を聞いてて思うのですが、**出口戦略って本来、買うときに考えるものですか？**

そうですね。ただ、その時点での戦略は、まだ何も見えない状況で立てるものです。

はい、確かに。あのころの私じゃ、本当に手探りだっただろうと思います。

あれから半年の間に犬飼さんの株式投資スキルはすごく上がりましたね。ビザスク自体に関しても、当時わからなかった情報がたくさん見えてきたでしょう。**「コロナ禍においても強靭《きょうじん》だ」**とか、**「あえて利益を出さずに人材や広告に投資している」**とか。**投資開始後、裏返ったトランプのカードが少しずつめくられるように、情報は増えていくもの**なんです。そのたびに投資戦略にも変更を加えていい。むしろ、最初の予測にとらわれないほうがいいですよ。

わかりました。今日いただいた知恵も活かし、出口戦略をブラッシュアップします！

これでかなり、隙のない戦略を組めると思いますよ。売上の鈍化から社長の逮捕まで視野に入れてますから。

懇切丁寧なレクチャー、本当に感謝です！（感涙）

私も感無量です……。じゃ、はなむけに、最後のアドバイス。「通常・ポジティブ・ネガティブ」のシナリオのうち、**「ネガティブ」のシミュレーションには、とりわけ注力してください**。起こりうる事態を可能な限り、「さすがにこれはないだろう」レベルまで書き出して、対策を立てておきましょう。

社長の逮捕なんて、まさにそのレベルですね。

ええ、そこまでやるのがオススメです。想定外に慌てる人は、総じてシミュレーションが足りないんです。「こんなときはこうする」を多く用意しておくほど、冷静さを失わずに済みますよ。

「想定しておけば、想定外はない」。この教え、心に刻みます。本当に、ありがとうございました！

CHAPTER7のまとめ

❶売り時分析は、時価総額と時間軸で考えよう
❷急落時には、事業にダメージのある理由かどうかを考えよう
❸起こりうることを全部想定して、「想定外」を防ごう

最後の宿題

「株を購入した会社が直面する、最悪のシナリオを考えておこう」

「株を購入した会社が直面する、最悪のシナリオを考えておこう」

遠藤さんの授業も全部終わってしまった……。最初は株のことなんて全くわからなかったけど、最後のほうは自分でも将来の予測を立てられるようになって、本当に成長したな〜（しみじみ）。

売りを考える最悪のシナリオは遠藤さんとのお話でも出ていたけれど、やっぱり、社長の逮捕。それから、最近は企業の情報漏洩が多くなっているから、考えられるのは、情報漏洩が発覚して、その対応が良くなかった場合かな。

あとはビジネスの視点から、売上がこれまで毎年1・5倍くらいで推移しているけれど、それが鈍化したときだな。2020年 7月の第1四半期（2020年3〜5月）、10月の第2四半期（6月〜8月）の決算短信が出て、ビザスクが発表していた業績予想通りに、順調に売上が推移している。これが、年間で考えたときにトランプの手札が、2枚めくられている状況とするなら、決算短信が発表されるであろう2021年の1月と4月にあと2枚のカードがめくられるということになるな。1月と4月の発表の中身を注視しておこう。目指す時価総額700〜800億円まで、日々のチャートの動きに心を惑わされることなく、持ち続けながら、次に投資できそうな会社も月1回探し始めよう！

おわりに

読者の皆様、いかがでしたでしょうか？

本書は編集を担当していただいた犬飼さんが、実際に自分のポケットマネー100万円を投資して増やすまでの道のりをまとめた実話です。

投資を始める前に感じていた不安、投資したあとの株価の上下に一喜一憂する様子、株価が下がったときの焦りなど、リアルな本音をそのまま載せています。おそらくこれから投資を始める読者の皆様も、編集者・犬飼さんと同じような経験をすると思います。

しかし、本書を読んで理解していただけた通り、本来投資はギャンブルとは異なり、本質を押さえれば、時間の経過と共に資産は増えていきます。ぜひ、目の前の株価の上下や、第三者の発するノイズに惑わされず、本質を見極めた投資をしてください。

「世の中に価値を提供し続けている会社は伸び続ける」

これは資本主義社会の真理の一つでもあります。

この本質を忘れないでください。

本書を読んで読者の皆様が投資に興味を持ち、最初の一歩を踏み出すきっかけとなり、数年後に豊かで幸せな人生を歩んでくれたらいいなと、心の底から願っております。

それにしても、今回の企画を無事大幅プラスで締めくくることができてひと安心です（笑）。企画が終わって冷静に振り返ると、犬飼さんは編集者という立場を利用して、私の個別指導を無料で受けたことになります（笑）。そして、ちゃっかり100万円以上の投資リターンも得ています。もし、犬飼さんが確信犯で今の結果を想定していた……と考えると、実はかなりの策士だったのでは？　とすら思います（笑）。

最後になりますが、私一人で書いていたらここまでリアルで、かつ投資初心者にも読みやすい内容には絶対に仕上がりませんでした。身銭を切って投資家への一歩を踏み出してくれた犬飼さん、いつもイラストを担当していただく伊藤ハムスターさん、本書の出版に携わってくださったすべての皆様、そしてなにより読者の皆様に心からお礼を申し上げたいと思います。本当にありがとうございました。

投資家　遠藤　洋

本書を読まれた方の限定特典！

◎**「投資に関する情報収集をしたい！」**
◎**「本書の著者・遠藤洋の発信内容に興味がある！」**
◎**「投資コミュニティ ixi について詳細を知りたい！」**

本書を読んでさらに株式投資の知識を深めたいと思われた方は、
ぜひ、ixi LINE 公式アカウントにご登録ください。
定期的に投資に役立つ情報をお届けします。
本書の読者限定で、以下の特典をプレゼントしています！

特典その1　**次に何をすべきか一目瞭然！**
「はじめての株式投資 To Do リスト」

特典その2　**犬飼さんの気になるその後は？**
遠藤 × 犬飼「犬飼のアフターストーリー」

▼ ご登録方法 ▼

1. 左記の QR コードを読み取るか、下記 URL にお手持ちの PC・スマートフォンで接続してください。
https://landing.lineml.jp/r/1654913875-3kKE9Qwz?lp=IZQ7xq
2. ixi LINE 公式アカウントにご登録ください。
3. ご登録後、特典のダウンロード URL が案内されます。

※上記特典は、予告なく内容を変更する場合や、配布を終了する場合があります。
※ixi に関するお問い合わせは、こちらにお願いいたします。
ixi.customer@gmail.com

※本書は『THE21』の連載「小型株集中投資で目指せ夢の 1000 万円！」（2020 年 6 月号～ 11 月号）に大幅な加筆・修正をし、書籍化したものです。

- 本書に掲載された情報は 2020 年 11 月時点の情報であり、今後変更される可能性がありますのでご留意ください。
- 本書の情報については細心の注意を払っておりますが、正確性および完全性等について一切保証するものではありません。個別株の詳細情報については、証券会社などに直接お問い合わせください。
- 本書の情報はあくまでも情報提供を目的としたものであり、特定の商品についての投資の勧誘や売買の推奨を目的としたものではありません。
- 情報の利用によって何らかの損害を被ったとしても、出版社および著者は責任を負いかねますので、投資にあたっての最終判断はご自身でお願いいたします。

〈著者略歴〉

遠藤 洋（えんどう・ひろし）

1987年、埼玉県生まれ。投資家・自由人。

投資コミュニティーixi（イクシィ）主宰。

東京理科大学在学中の夏休み、新しいことをやろうと、家庭教師のアルバイトで貯めたお金を元手に知識ゼロの状態から投資を始める。大学卒業後、ベンチャー企業に入社、投資で得た資金を元手に26歳で独立。本質的な価値を見極め「1年以内に株価3倍以上になる小型株」へ集中投資するスタイルで、最大年間利回り+600%、1銘柄の最大投資益+1,400%以上を達成。噂を聞きつけた資産家から「10億円を預けるから運用してほしい」と頼まれたこともあるが、外部運用はすべて断り、自己資金のみで運用。その投資経験をベースに、経営者、上場企業役員、医者、弁護士、ビジネスパーソンなど、これまで1,500人以上に投資を指導。現在も自己資金で投資をしながら、1年の約半分は旅して自由を謳歌しつつ、次世代を担う投資家の育成や事業立上げに力を入れている。著書に『働きたくないけどお金は欲しい』（マネジメント社）、『小型株集中投資で1億円』『小型株集中投資で1億円 実践バイブル』（共に、ダイヤモンド社）などがある。

ブックデザイン：小口翔平＋三沢 稜＋畑中 茜（tobufune）
イラスト：伊藤ハムスター
組版・校正：PHPエディターズ・グループ
図版制作：戸塚みゆき（Isshiki）
編集協力：林 加愛
編集担当：乾 直樹

お金知識ゼロ！ 普通の会社員でも株で1億円つくる方法をイチから教えてください！

2021年2月18日　第1版第1刷発行

著　者　遠藤　洋
発行者　後藤淳一
発行所　株式会社PHP研究所
東京本部 〒135-8137　江東区豊洲5-6-52
第二制作部 ☎03-3520-9619（編集）
普及部 ☎03-3520-9630（販売）
京都本部 〒601-8411　京都市南区西九条北ノ内町11
PHP INTERFACE　https://www.php.co.jp/

組　版　株式会社PHPエディターズ・グループ
印刷所　大日本印刷株式会社
製本所　株式会社大進堂

ISBN978-4-569-84857-0